AF625744

Abraham J. Heschel
Der Sabbat

Abraham Joshua Heschel
Der Sabbat

Seine Bedeutung für Menschen heute

Mit einer Einführung von
Susannah Heschel

Patmos Verlag Jüdische Verlagsanstalt Berlin

MIX
Papier | Fördert gute Waldnutzung
FSC® C014496

Die Verlagsgruppe Patmos ist sich ihrer Verantwortung gegenüber unserer Umwelt bewusst. Wir folgen dem Prinzip der Nachhaltigkeit und streben den Einklang von wirtschaftlicher Entwicklung, sozialer Sicherheit und Erhaltung unserer natürlichen Lebensgrundlagen an. Näheres zur Nachhaltigkeitsstrategie der Verlagsgruppe Patmos auf unserer Website www.verlagsgruppe-patmos.de/nachhaltig-gut-leben
Übereinstimmend mit der EU-Verordnung zur allgemeinen Produktsicherheit (GPSR) stellen wir sicher, dass unsere Produkte die Sicherheitsstandards erfüllen. Näheres dazu auf unserer Website www.verlagsgruppe-patmos.de/produktsicherheit. Bei Fragen zur Produktsicherheit wenden Sie sich bitte an produktsicherheit@verlagsgruppe-patmos.de

Die englischsprachige Originalausgabe erschien unter dem Titel »The Sabbath. Its Meaning for Modern Man«
© by Farrar, Straus & Giroux, New York 1951/2005
Übersetzung nach der 7. Auflage 1981 durch Ruth Olmesdahl, erstveröffentlicht 1990 im Neukirchener Verlag. Die Übersetzung erscheint unverändert in der Schreibweise dieser Ausgabe.
Übersetzung der für die deutschsprachige Neuausgabe erweiterten Einleitung von Susannah Heschel durch Ulrich Sander
© by Farrar, Straus & Giroux / Susannah Heschel 2022

Die Neuausgabe von Abraham J. Heschel, Der Sabbat, ist eine Koproduktion der Jüdischen Verlagsanstalt Berlin GbR und des Patmos Verlags, Verlagsgruppe Patmos in der Schwabenverlag AG, Ostfildern.

2. Auflage 2025
Alle Rechte vorbehalten
© 2022 Jüdische Verlagsanstalt Berlin GbR
www.juedische-verlagsanstalt.de
und Patmos Verlag
Verlagsgruppe Patmos in der Schwabenverlag AG, Senefelderstr. 12, 73760 Ostfildern
www.patmos.de

Umschlaggestaltung: Finken und Bumiller, Stuttgart
Umschlagmotiv: Ilya Schor © Mira Schor
Satz und Herstellung: Schwabenverlag AG, Ostfildern
Druck: GGP Media GmbH, Pößneck
Hergestellt in Deutschland
ISBN 978-3-8436-1415-3

Inhalt

Vorbemerkung

Abraham Joshua Heschel ist eine Jahrhundertgestalt. Seine Lebensgeschichte verbindet ihn mit dem chassidischen Judentum Osteuropas vor dem Krieg, mit dem gelehrten deutschen Judentum eines Leo Baeck und Martin Buber und mit dem durch Nazi-Deutschland begangenen Holocaust, in dem seine Mutter und zwei seiner Schwestern ermordet wurden.

Seine Wirkung entfaltete er seit 1945 als Professor für jüdische Ethik und Mystik am *Jewish Theological Seminary* in New York. In den Vereinigten Staaten wandte er sich gegen den Vietnam-Krieg und setzte sich Seite an Seite mit Martin Luther King für die Bürgerrechte der afroamerikanischen Einwohner ein. Sein interreligiöses Wirken trug wesentlich dazu bei, dass die römisch-katholische Kirche auf dem Zweiten Vatikanischen Konzil einen Neuanfang ihrer Beziehung zum Judentum beschloss.

Sein herrschaftskritisches Verständnis von Religion zeigt sich insbesondere in seinem Werk *The Sabbath* (1951). Der Eroberung des Raumes setzt er die Heiligung der Zeit entgegen.

Rabbiner Abraham J. Heschel starb an einem Sabbat. Die Jüdische Verlagsanstalt Berlin und der Patmos Verlag freuen sich, zu seinem fünfzigsten Todestag die deutsche Übersetzung seines Werkes mit einer Einleitung seiner Tochter, Professorin Susannah Heschel, neu vorlegen zu dürfen.

Patmos Verlag *Jüdische Verlagsanstalt Berlin*

Einführung

Susannah Heschel

Wenn mein Vater freitagabends den *Kiddusch*-Becher erhob, die Augen schloss und das Segensgebet über den Wein sang, ergriff mich ein tiefes Gefühl von Geborgenheit. Er sang den Segen nach der Textfassung seines chassidischen Gebetbuchs (die leicht von der üblichen abwich) in einer alten, ehrwürdigen Familien-Melodie, segnete den Wein und den Sabbat mit seinem Gebet, und zugleich fühlte ich, dass er mein Leben segnete und das Leben von allen, die sich um den Tisch versammelt hatten. Es waren kostbare Augenblicke für mich.

Die Freitagabende bei uns zu Hause waren der Höhepunkt der Woche, so wie sie es für jede religiöse jüdische Familie sind. Meine Mutter und ich entzündeten die Sabbatlichter, und schon fühlte ich mich verwandelt, emotional, sogar körperlich. Nachdem wir die Kerzen im Esszimmer entzündet hatten, gingen wir ins Wohnzimmer, dessen Fenster einen Blick auf den Hudson River gewährten und nach Westen ausgerichtet waren, so dass wir den Sonnenuntergang, der bald eintrat, genießen konnten.

Das Gefühl von Frieden, das über uns kam, wenn wir die Lichter entzündeten, entstand zum Teil durch die hektische Anspannung zuvor. Die Vorbereitung des heiligen Tages, sagte mein Vater oft, sei so bedeutsam wie der Tag selbst. Freitags während der Morgenstunden war meine Mutter geschäftig zugange, Lebensmittel einzukaufen; und am Nachmittag machte sich eine wachsende Nervosität breit, während sie kochte. Mein Vater kam ein oder zwei Stunden vor Sonnenuntergang aus seinem Büro nach Hause, um sich um seine eigenen Vorbereitungen zu kümmern. Und während die letzten Minuten der Arbeitswoche näher rückten, waren beide Eltern in der Küche und versuchten verzweifelt, sich daran zu erinnern, was sie vielleicht vergessen hatten vorzubereiten: Ist

Wasser vor Sabbatbeginn erhitzt worden? Ist das »Blech« auf den Herd gelegt, mit dem die Speisen während des Sabbats warm gehalten werden? Ist der Herd angeschaltet?

Und dann, plötzlich, war es Zeit: nur noch zwanzig Minuten bis zum Sonnenuntergang. Was auch immer in der Küche nicht zu Ende gebracht werden konnte, blieb einfach liegen, wenn wir nun die Kerzen entzündeten und die Ankunft des Sabbats gesegnet wurde. Mein Vater schreibt: »Der Sabbat kommt wie eine Liebkosung, wischt Furcht, Sorge und dunkle Erinnerungen weg« *(in dieser Ausgabe S. 80)*.

Selten ging mein Vater freitagabends in die Synagoge; er betete lieber zu Hause, und unsere Mahlzeiten waren üblicherweise still, langsam und entspannt. Meine Eltern veranstalteten nicht oft Geselligkeiten, aber etwa alle zwei Monate luden sie einige Freunde oder Kollegen zur Freitagabend-Mahlzeit ein. Das Essen selbst war immer dasselbe: Unsere *Challot,* die geflochtenen Sabbat-Brote, kamen von unserer örtlichen Bäckerei, und meine Mutter bereitete Hühnersuppe, gegrilltes Cornish-Huhn, Salat und Gemüse. Zum Nachtisch schälte mein Vater einen Golden-Delicious-Apfel und versuchte dabei, die Schale an einem Stück zu lassen, und wir teilten die Apfelschnitzen. Meine Mutter war keine begeisterte Köchin, und mein Vater musste immer eine salzfreie Diät beachten, daher war das Essen nicht aufregend. Und doch hob mein Vater, zu Beginn jeder Mahlzeit, die Gabel, schaute zu mir hin und sagte: »Mommy ist eine gute Köchin.«

Wir hatten am Sabbattisch einen Brauch, der eher ungewöhnlich ist: Mein Vater hatte von seinem Schwager, dem Kopycznitzer Rebben, zwei lange, geflochtene silberne Gewürzbehälter als Geschenk erhalten, in denen er Myrte und Eukalyptusblätter verwahrte. Obgleich wohlriechende Kräuter üblicherweise am Ende des Sabbats, bei der *Hawdala*, der Trennung von Sabbat und Werktag, gesegnet werden und man ihren Duft genießt, segneten und rochen wir die Kräuter bereits vor dem *Kiddusch,* nach einem chassidischen Brauch, der auf eine rabbinische Aussage zurückgeht, die mein Vater in seinem Buch »Der Sabbat« diskutiert.

Wenn wir zur Mahlzeit am Freitagabend Gäste hatten, waren es fast immer Akademiker, die aus Europa geflohen waren, und das Gespräch am Tisch drehte sich jedes Mal um Europa. Ausnahmslos sprachen sie über deutsche Gelehrte, die sie gekannt hatten: Jüdinnen und Juden, die in die Vereinigten Staaten oder nach Israel geflohen waren, andere, die umgekommen waren. Sie sprachen am Schabbat nicht über das mörderische Geschehen des Holocaust noch benutzten sie dieses Wort in jenen Tagen, aber sie sprachen über die nicht-jüdischen Gelehrten, die in Max Weinrichs Buch *Hitler's Professors* (The part of scholarship in Germany's crimes against the Jewish people, New York 1946) als Nazis entlarvt wurden. Die meisten Freunde meiner Eltern hatten, so wie mein Vater selbst, vor dem Krieg an deutschen Universitäten studiert. Nach ihrem Selbstverständnis hatten sie den hohen Standard deutscher Gelehrsamkeit bewahrt, und das Entsetzen darüber blieb, auch zwanzig oder dreißig Jahre nach Ende des Krieges, dass Gelehrte, deren Arbeit sie bewundert hatten, zu Nazis geworden waren. Es war deutsche Kultur, die diesen Gesprächen ihre eigene Farbe gab – als ich aufwuchs, hörte ich als Erstes von Goethe und Heine, Schopenhauer und Husserl, lang bevor ich Hawthorne, Melville, Emerson oder Thoreau in meiner amerikanischen Schule las. Diese kulturelle Welt der Heimat meiner Eltern gab mir immer ein wenig das Gefühl, ein Tourist in Amerika zu sein.

Genauso oft drehte sich das Gespräch um Ost-Europa, um die chassidische Welt, aus der mein Vater stammte. Er liebte es, seinen Gästen Geschichten von verschiedenen chassidischen Rebben zu erzählen oder Lehren aus chassidischen Texten zu erläutern. Wenige der Freunde meiner Eltern stammten aus dieser Welt, aber für meinen Vater war jeder Sabbat eine Rückkehr zu den Sabbaten seiner Jugend und den Erinnerungen seiner Familie und Freunde. Der Sabbat war kein düsterer Tag: Mein Vater liebte es, Anekdoten und Witze zu erzählen, die aus dem jiddischen Humor stammten, und meine Mutter und ich versuchten, die Pointe zu erfassen, bevor die Erzählung endete. Während traditionellerweise am Sabbattisch gesungen wird, war mein Vater darin schüchtern und hatte das Gefühl, er habe keine gute Stimme. Unser Sabbatgesang war oft ein besonderer chassidischer Gesang oder eine Melodie, die den Geist des Sabbats wachriefen.

Am Sabbat veränderten sich die Lesegewohnheiten meines Vaters: Dann las er keine säkularen Werke, keine Bücher über Philosophie oder Politik, sondern wandte sich stattdessen hebräischen religiösen Texten zu, üblicherweise chassidischen Kommentaren zur Bibel. Da es am Sabbat verboten ist zu schreiben, nutzte er manchmal eine Serviette oder eine Büroklammer dazu, eine Seite zu markieren, so dass ich noch Jahre später einen Nachweis hatte, was seine Sabbat-Lektüre gewesen war. Diese Bücher brachten ihn jeden Sabbat zu den Geschichten seiner Kindheit zurück und zu dem Gefühl, in der Umgebung von Menschen von »religiösem Adel« aufgewachsen zu sein.

Einige besondere Sabbat-Gäste habe ich in lebendiger Erinnerung: Ich denke an einen Kollegen meines Vaters, David Weiss Halivni (1927–2022), einen anerkannten Professor für Talmud-Studien, der uns zusammen mit seiner Frau und den drei Söhnen besuchte, lauter kleine Schlitzohren. Oder an meine jüdischen Schulfreundinnen aus Familien, die ihr Judentum nicht praktizierten, oder an einen engen Freund, W. D. Davis (1911–2001), Professor für Neues Testament am *Union Theological Seminary,* mit seiner Frau und ihrer Tochter Rachel, die den Sabbat so ernsthaft einhielten wie wir, nur am Sonntag.

Zu den häufigen christlichen Gästen gehörte der angesehene presbyterianische Prediger William Sloan Coffin (1924–2006), damals Hochschulseelsorger *(chaplain)* an der *Yale University,* und der katholische Priester Daniel Berrigan (1921–2016). Beide setzten sich zusammen mit meinem Vater im Protest gegen den Krieg in Vietnam ein. »Mein Freund«, sagte mein Vater und legte die Hand auf Bill Coffins Arm, »würdest du gern den Segen über das Brot, die *Birkat Hamozi,* sprechen lernen?« Und dann brachte er Bill die hebräischen Wörter bei. Manchmal waren Nonnen in ihrer Ordenstracht zu Besuch, die voller Ehrfurcht die Sabbat-Erfahrung machten und meinem Vater zuhörten, wie er bei Tisch betete. In jenen Tagen war es etwas Außergewöhnliches für Christen, Juden am Sabbat zu besuchen.

Mit den Augen des Kindes betrachtet, das ich war, schien es mir, dass die Christen, die am Sabbat zu uns kamen, auf einer Pilgerreise waren und zum Judentum heimkehrten, das der Mutterschoß ihres eigenen Glaubens war. Was mir selbst schon klar war, wurde für diese gläubigen Christinnen und Christen zu einer Offenbarung, deren Erfahrung sie machten: Sie entdeckten, dass das Judentum nicht in Legalismus und veralteten Ritualen erstarrt, sondern voll spiritueller Lebendigkeit war. Jahre später machten protestantische Theologiestudierende, die bei mir an der Universität in Frankfurt studiert hatten, eine ähnliche Erfahrung, als sie mich in Ohio besuchten: Sie waren sprachlos, als sie erlebten, wie schön der Sabbat ist und nicht etwas Zwanghaftes, Legalistisches, wie es ihnen beigebracht worden war.

Konnte jenen, die Christus abgewiesen hatten, das Heil abgesprochen werden, wie die Kirche lange Zeit gelehrt hatte? In jenen Tagen entdeckten Christen, dass sie von einem Juden etwas über Gott lernen konnten, dass das Judentum sie zu besseren Christen machen konnte. Plötzlich realisierten sie, dass auch mein Vater natürlich im Himmel willkommen sein würde – stellen Sie sich bitte vor, welch erschütterndes theologisches Erdbeben das für so viele Christinnen und Christen dieser Zeit bedeutete!

Am Sabbat geht es um die Sabbat-Ruhe, aber auch um die Sabbat-Freude. »Ruhe« und »Freude« waren etwas anderes in meinen Kindheitstagen bei uns zu Hause. Wir hielten Sabbatruhe nicht, um müde Muskeln zu entspannen, sondern um unsere Seelen sich erholen zu lassen und aus dem Sumpf der wochentäglichen Geschäftigkeit zu uns selbst zu finden. Sabbatfreude war etwas

Besonderes, weil wir an diesem Tag die Themen aussparten, die Kopfzerbrechen bereiten, und stattdessen von unseren Träumen und Hoffnungen sprachen. Als ich klein war, sprachen mein Vater und ich über Gestalten der Tora und wie sie wohl gewesen waren, als sie selbst Kinder waren: War Abraham ein Schlingel, Isaak ein ernstes Kind, Jakob voller Unruhe, Mose fleißig? Mein Vater spielte gern ein Spiel: Er begann einen Satz, und ich hatte ihn zu Ende zu bringen. Oder wir neckten unsere immer leichtgläubige Mutter und lachten dann gemeinsam.

Am Sabbatmorgen nahmen wir am Gottesdienst im *Jewish Theological Seminary* teil, an dem mein Vater lehrte, und in der Gottesdienstversammlung saßen Lehrende und Studierende des Seminars und der gegenüber liegenden Columbia University. Es war ein orthodoxer Gottesdienst, die Gebete wurden alle auf Hebräisch gesprochen, Männer und Frauen saßen getrennt. Viele Wochen lang hörten wir Predigten von Studenten, die vor der Schlussprüfung für das Rabbinat standen; auf dem Heimweg von der Synagoge kommentierten die Hochschullehrer, oft sehr engagiert, die Qualität der Predigt. Normalerweise dauerte der Fußweg nur fünfzehn Minuten, aber mein Vater hatte die Angewohnheit, einige Schritte zu gehen, dann stehen zu bleiben, um über einen Punkt zu sprechen, bevor er wieder weiterging, so dass der Weg oft länger als eine halbe Stunde dauerte. Als ich klein war, trug er mich manchmal auf den Schultern, und als ich älter wurde, halfen seine Kollegen ihm dabei, mich zu unterhalten.

Das Mittagessen am Sabbat war heiter und unbeschwert, eine Zeit zum Witze-Machen und Scherzen. Es waren immer wir drei: Mutter, Vater und ich. Meine Aufgabe war es, *Kiddusch* zu sagen und Vorbeterin bei der *Birkat Hamason* zu sein, dem hebräischen Gebet nach der Mahlzeit. Nach dem Essen pflegten meine Eltern ihren wöchentlichen Mittagsschlaf, dann gab es Tee und einen Spaziergang im Riverside Park gegenüber. Dabei trafen wir Freunde und Kollegen, die ihren Sabbatnachmittagsbummel machten.

Als ich jung war, lebte Elie Wiesel (1928–2016), damals Journalist und noch unverheiratet, in einem kleinen Apartment in der Nähe. Fast jede Woche kam er vorbei und machte mit meinem Vater einen Spaziergang. Sie diskutierten über die Notlage der Juden in der Sowjetunion, denen es verboten war, ihre Religion zu praktizieren. Mein Vater drängte Elie Wiesel, nach Russland zu fahren und über diese Situation zu schreiben. Das tat er auch in seinem Buch The *Jews of Silence* (A Personal Report of Soviet Jewry, New York 1966).

Es gab eigentlich zwei verschiedene Arten von Sabbat-Erfahrung: die eine in den Herbst- und Wintermonaten, wenn der Sabbat am Freitagnachmittag um 16 Uhr anfängt und um 17 Uhr am Samstag endet, und die andere im Frühling und Sommer, wenn der Sabbat um 20 oder 20:30 Uhr beginnt und um 21 Uhr oder später endet. In den Wintermonaten hatten wir lange Freitagabende nach der Mahlzeit, meine Eltern saßen am Tisch, tranken Tee und lasen. Während der Frühlingsmonate dagegen wurden die langen Sabbatnachmittage das friedliche und stille Zentrum des Tages.

Oft luden meine Eltern Studenten zu einer Teemahlzeit um 16 Uhr am Samstagnachmittag ein. Meine Mutter servierte Käse und Cracker, verschiedene Kuchen, manchmal sogar eine großartige »Herrentorte« – einen der Länge nach aufgeschnittenen Brotlaib, der mit Schichten verschiedener Arten von Fisch und Eiersalat gefüllt und mit Frischkäse und Sardellenpaste überzogen war. Mein Vater kümmerte sich aufmerksam um alle Studenten, erkundigte sich nach ihren Studien, den Rabbinern ihrer Herkunftsstädte und ihren Zielen für die Zukunft. Wenn die Dämmerung anbrach, bot er jedem einen *Siddur* (Gebetbuch), um zusammen das Abendgebet zu sprechen. Nach der *Hawdala,* der gemeinsamen Verabschiedung des Sabbats, gingen die Studenten nach Hause.

Unmittelbar nach den *Hawdala*-Gebeten änderte sich die Stimmung: Meine Mutter wirbelte in der Küche und kümmerte sich um den Abwasch, bevor sie zu ihrem Piano zurückkehrte, und mein Vater wandte sich seinen Studien zu und schrieb. Da am Sabbat

Schreiben nicht erlaubt ist, war jetzt die Zeit für ihn, die Gedanken des Tages aufzuschreiben. Später am Abend versammelten wir uns wieder am Tisch und sprachen über den Tag, die Gäste und unsere Pläne für die Woche. Manchmal spielte mein Vater mit mir Schach oder Sternhalma mit meiner Mutter. Nur zu ganz seltenen Gelegenheiten, vielleicht zweimal im Jahr, gingen meine Eltern samstagabends aus, zu einem Konzert oder ins Theater. Gelegentlich während der Wintermonate, wenn der Sabbat früh am Tag zu Ende ging, lud meine Mutter, eine ausgezeichnete Pianistin, ihre musizierenden Freunde zu einem Kammermusik-Abend ein.

Sonntag war wieder ein Werktag. Während der Wintermonate gab mein Vater sonntagmorgens Unterricht und meine Mutter übte an ihrem Klavier. Fast jeden Sommer aber mieteten meine Eltern für zwei Monate ein Haus in Los Angeles, um nahe bei den Brüdern meiner Mutter und ihren Familien zu sein. Hin und wieder lagen diese Häuser zu weit von einer Synagoge entfernt, dann kamen Freunde zum Haus meiner Eltern, um dort den Gottesdienst am Sabbatmorgen zu feiern. Meine Mutter bereitete einen kleinen *Kiddusch* für alle vor, und die Gäste blieben bis zum Nachmittag. Im Sommer wurde es spät, wenn der Sabbat am Samstagabend endete, und wir gingen zu Bett. Die Morgenstunden der Sonntage wurden Übergangsmomente nach dem Sabbat, wenn mein Vater sich seinen Studien und meine Mutter sich dem Klavierspiel widmete. Die Sonntagnachmittage im Sommer waren erfüllt von Musik; wir gingen um 11 Uhr zum Haus des Bruders meiner Mutter, eines Arztes, der Geige spielte. Er besaß ein großes Musikzimmer mit zwei Klavieren, und seine Freunde fanden sich zu Trios, Quartetten und Quintetten zusammen und verbrachten den Tag damit, Kammermusik zu spielen. Das Haus hatte einen Swimmingpool direkt vor dem Musikraum, und mein Vater und ich lagen entspannt im Wasser oder lasen ein Buch und hörten der Musik zu, während meine Mutter spielte.

Drei Sommer haben wir in Jerusalem verbracht, wo der Sabbat eine einzigartige und großartige Erfahrung ist. Freitagmorgens ist es hektisch, wenn die Familien ihre Lebensmitteleinkäufe machen, und dann kehrt allmählich Ruhe ein, wenn die Läden um 13 Uhr schließen und ein köstlicher Geruch all der kochenden Speisen durch die Stadt zieht. Am späten Nachmittag erinnert ein Sirenenalarm jeden daran, dass es jetzt Zeit ist, die Sabbatlichter zu entzünden. Die Busse fahren nicht mehr, und überall sind Menschen in ihren Sabbatkleidern unterwegs in die Synagoge. Wir besuchten alte Freunde und Kollegen meines Vaters, einige davon Freunde aus dem Vorkriegs-Berlin, die im Rehavia-Viertel wohnten, das manchmal »Deutsch Jerusalem« genannt wurde: Ernst Simon (1899–1988), Gershom Scholem (1897–1982), Ephraim Urbach (1912–1991) und Aron Brand (1910–1977). Treffen, angefüllt mit Erinnerungen.

Als 1951 das vorliegende Buch veröffentlicht wurde, war mein Vater gerade einmal elf Jahre in den Vereinigten Staaten. Als er 1940 eintraf, war sein Englisch ziemlich schlecht, aber er schaffte bemerkenswert schnell, die Sprache zu erlernen, und schrieb bald in einem so außergewöhnlichen, reichen und poetischen Stil. Meine Eltern mussten oft lachen, wenn damalige Leserinnen und Leser des Buches sich nicht vorstellen konnten, dass mein Vater der Autor sei – sie dachten, meine Mutter sei sein Ghostwriter gewesen! Die Sprache des Buches ist untrennbar von seinem Inhalt: Ihr elegischer, poetischer Tonfall erweckt die Stimmung des Sabbats zum Leben, die sie beschreibt.

»Der Sabbat« erschien zu einer Zeit, als amerikanische Jüdinnen und Juden sich radikal assimilierten und viele von öffentlichen Ausdrucksformen des Jüdisch-Seins peinlich berührt waren. Als in der Nachkriegszeit viele amerikanische Familien in die neu entstehenden Vorstädte umzogen, wurden große Synagogen gebaut. Die Rabbinical Assembly, die Organisation der Rabbiner des *Conservative Judaism**, hatte entschieden, dass es erlaubt sei, am

* *Conservative Judaism* ist eine Bewegung innerhalb des nicht-orthodoxen Judentums, deren Wurzeln im Deutschland des 19. Jahrhunderts liegen und die sich in den Vereinigten Staaten zur zweitgrößten jüdischen Denomination ausbildete. Das *Jewish Theological Seminary* ist deren akademisches Zentrum [Anm. des Verlags].

Sabbat mit dem Auto zur Synagoge zu fahren, obwohl Autofahren unter die nicht erlaubten Tätigkeiten fällt. Im Ergebnis führte das in den Vorstädten zum Bau großer Synagogen, die Hunderten von Familien Raum geben und die kleinen orthodoxen Synagogen ersetzten, die innerhalb eines Viertels in Fußnähe erreichbar waren.

Selbst unter Rabbinern und jüdischen Führungsgrößen war eine Ablehnung jüdischer Mystik, des Chassidismus und sogar von Theologie und Spiritualität üblich. Es war, als ob sie sich nach einem religionslosen Judentum sehnten – einem Judentum ohne Gott und ohne Glaube. Für sie störte der Sabbat – im Beruf, im geselligen Leben, beim Einkaufen und einfach darin, amerikanisch zu sein.

Bei dem Versuch, in seinem Buch die Bedeutung des Sabbats wieder in Erinnerung zu rufen, wetterte mein Vater nicht gegen die Juden, die die religiösen Sabbatgebote nicht hielten, noch forderte er Gehorsam gegenüber dem jüdischen Religionsgesetz, das auf der absoluten Autorität rabbinischer Texte beruhte. In einer Zeit, als Bücher in Mode kamen, in denen Geistliche psychische Gesundheit als Erfolg von Religion herausstrichen, wandte sich mein Vater gegen diesen Trend. Er beharrte darauf, dass es beim Sabbat nicht um Psychologie oder Soziologie gehe und dass er nicht dazu da sei, damit wir ruhiger werden oder unsere Familien zusammenhalten. Noch viel weniger stellt der Sabbat eine Ablehnung der Modernität oder der säkularen Welt dar – für ihn war der Sabbat ein »Tag, an dem wir die Kunst lernen, über die Zivilisation hinauszuwachsen« *(S. 48)*. Der Sabbat, Heiligtum in der Zeit.

Und doch spiegelt der Zugang meines Vaters zum Sabbat einiges von den politischen Anliegen und der politischen Sprache jener Zeit wieder, wenn er in seinem Buch von »der Freiheit« spricht. Er schreibt, dass wir den Sabbat brauchen, um der menschlichen Zivilisation ein Überleben zu sichern: »Tapfer, unaufhörlich und ruhig muss der Mensch um innere Freiheit kämpfen« *(S. 94)*, um unabhängig zu bleiben von der Versklavung durch die materielle Welt. »Innere Freiheit hängt davon ab, dass man unabhängig von der Herrschaft der Dinge und der Herrschaft der Menschen ist. Es gibt viele, die ein hohes Maß an politischer und gesellschaftlicher Freiheit erreicht haben, aber nur sehr wenige gibt es, die nicht an die Dinge versklavt sind. Das ist unser dauerndes Problem – wie man mit anderen Menschen zusammenleben und frei bleiben kann, wie man mit Dingen leben und unabhängig bleiben kann« *(S. 94)*.

Die Grundlage für den Sabbat als Ruhetag ist die Ruhe Gottes am siebten Tag nach der Erschaffung der Welt in sechs Tagen. Im Islam gilt der Freitag, obwohl er der große Tag des Gottesdienstes ist, nicht als Ruhetag. Gott das Bedürfnis nach Ruhe zuzuschreiben gilt als häretisch, weil es einschlösse, dass Gott nicht allmächtig sei. Im Christentum wurde aus dem Sabbat der »Tag des Herrn«, der Sonntag. Einen Tag der Arbeitsruhe einzuhalten, wie es in einem der Zehn Gebote der Bibel heißt, wurde von den meisten Christen nicht beachtet. Die Deutsch-Schweizer Theologin Beatrix Jessberger (1952–2019) schrieb einen Kommentar zum Buch meines Vaters, in dem sie für Christinnen und Christen einen Weg anbot, den Sabbat zu halten: »Sabbat ist ein Bild der zukünftigen Welt, einer Welt, die kommt und doch schon in uns angelegt ist als Potenz, als Möglichkeit« *(Ebenbild Gottes – wie werde ich, was ich bin?* Die Schöpfungsgeschichte als spiritueller Reifungsprozess, Uelzen 2008, 76).

Mein Vater definiert das Judentum als eine Religion, deren zentraler Bezugspunkt die Heiligkeit in der Zeit ist. Einige Religionen erbauen große Kathedralen oder Tempel, aber das Judentum erbaut den Sabbat als eine Architektur der Zeit. Heiligkeit in der Zeit zu erschaffen erfordert eine andere Empfindung, als eine Kathedrale im Raum zu errichten. »Wir müssen den Raum erobern, um die Zeit zu heiligen« *(S. 103)*.

Worauf es meinem Vater ankam, war nicht eine Verachtung des Raumes oder die Leugnung der besonderen Bedeutung des Landes Israel. Seine innere Verbindung zum Land Israel und seiner Heiligkeit bezeugt sein Buch *Israel: An Echo of Eternity* (1969, deutsch: Israel. Echo der Ewigkeit, Neukirchen 1988). In beiden Fällen, sowohl im Blick auf den Sabbat als auch auf das Land Israel, betont er, dass Heiligung von menschlichem Verhalten und menschlicher Haltung abhängt. Den Sabbat zu heiligen ist Teil unserer Nachfolge Gottes, aber es wird auch zu einem Weg, Gottes Gegenwart zu finden. »Es gibt keine Eigenschaft, die der Raum mit Gottes Wesen gemeinsam hätte [...] Aber das Bild Gottes kann in der Zeit gefunden werden, die verhüllte Ewigkeit ist« *(S. 38)*.

In der Bibel gibt es kein Ding und keinen Ort, der durch sich selbst heilig ist, nicht einmal das Gelobte Land wird »heilig« genannt. Während die Heiligkeit des Landes Israel und der Feste davon abhängt, dass das jüdische Volk sie durch seine Handlungen heiligt, geht die Heiligkeit des Sabbats der Heiligkeit Israels voraus: »Selbst wenn der Mensch den Sabbat verrät, bleibt dessen Heiligkeit bestehen« *(S. 89)*.

Es gib wunderbare Kathedralen und Paläste in der Welt, Orte von inspirierender Schönheit. Die Frage, die das Judentum stellt, ist: Können wir Heiligkeit in der Zeit erschaffen? Der Sabbat kommt zu uns, aber wir müssen diejenigen sein, die diesen Tag als Kathedrale gestalten. Wie bewirken wir die schwer fassbare Atmosphäre, die den Sabbat ausmacht? Heiligkeit ist eine Qualität, so betonte mein Vater, die wir schaffen. Wir wissen, was wir mit dem Raum zu tun haben, aber wie geben wir heiliger Zeit eine Gestalt? Sechs Tage die Woche halten wir unser Leben klein durch eine rasende Besitzgier, schreibt er, der Sabbat erneuert unsere Seele, und wir erkennen, wer wir sind. »Der Sabbat ist die Gegenwart Gottes in der Welt, er liegt offen vor der Seele des Menschen« *(S. 74)*. Gott ist gegenwärtig, nicht in den Dingen des Raumes, aber in Augenblicken der Zeit. Wie nehmen wir Gottes Gegenwart wahr? Dazu gibt es einige hilfreiche Sabbatgesetze, um die Anforderungen des säkularen Lebens abzuschalten und von Arbeit Abstand zu nehmen. Beim Aufzählen der verschiedenen Kategorien, die als »Arbeit« definiert werden, beschreibt die Mischna Typen von Handlungen, die für den Aufbau einer technischen Zivilisation notwendig sind. Doch mein Vater geht darüber hinaus: Es ist nicht nur verboten, ein Feuer am Sabbat zu entzünden, schreibt er, »Ihr sollt kein Feuer anzünden – nicht einmal das Feuer gerechter Empörung« *(S. 50)*. Zu Hause wurden bestimmte Themen am Sabbat vermieden – Politik, der Holocaust, der Vietnamkrieg –, während andere in den Vordergrund gestellt wurden. Der Sabbat ist weder Tag von Trauer oder Buße noch ein Tag, um Gott mit Bitten zu bestürmen. Es ist ein Tag von Freude und Lobpreis, des Friedens in der Familie und unter Freuden. Den Sabbat zu halten besteht nicht allein darin, Abstand zu nehmen von Arbeit, sondern *Menuha* zu schaffen, eine Ruhe, die zugleich ein Fest ist *(vgl. S. 45f.)*. Der Sabbat ist ein Tag für den Körper ebenso wie für die Seele *(vgl. S. 41f.)*. Es ist eine Sünde, am Sabbat traurig zu sein: eine Lektion, die mein Vater oft wiederholte und immer einhielt.

Die Arbeitswoche hat ihren Rhythmus, und mit jedem Tag, mit dem sie sich dem Freitag nähert, wächst die Vorfreude. Meine Eltern legten besondere Leckereien zurück, die für den Sabbat aufgespart wurden, um sie dann zu genießen. Neue Kleidungsstücke wurden das erste Mal an einem Sabbat getragen, der Tisch wurde mit einem besonderen Geschirr gedeckt. Aber das Wichtigste war die Atmosphäre der Ankunft einer großen Heiligkeit.

Mit dem Sabbat tritt ein Wunder ein: Die Seele erfährt Auferstehung, eine zusätzliche Seele kommt herab und der Glanz der Heiligkeit des Sabbats erfüllt jeden Winkel des Haushalts. Ärger wird aufgehoben, Spannungen weichen, und ein Schein legt sich auf jedes Gesicht *(vgl. S. 74f., 80, 90)*. Wir sprechen unsere täglichen Gebete langsamer, mit besonderen Melodien, die in unserem Geist den Weg von Freitagabend bis zum Ende des Sabbats widerspiegeln.

Die Erschaffung des Sabbats beginnt mit der Sehnsucht. Mein Vater stellt überraschenderweise unsere Erwartung auf den Kopf: Nicht wir sind es, die sich nach einem Tag der Ruhe sehnen, sondern der Geist des Sabbats, der einsam ist und sich nach uns sehnt *(vgl. S. 66f.)*. Wir sind Gefährte des Sabbats und heiraten jede Woche den Sabbat-Tag durch unsere Heiligung. Diese Hochzeit gibt uns Gestalt: »*Was wir sind,* hängt davon ab, was der *Sabbat für uns* ist« *(S. 94)*. Unsere Erfahrung des Sabbats, so schreibt er, ist eine innerliche. Ganz ähnlich entsteht der Sabbat nicht einfach damit, dass es Samstag wird; die Tiefe seiner Erfahrung, schreibt er, wird dadurch geschaffen, wie wir uns an den sechs anderen Tagen der Woche verhalten; sie sind eine Pilgerreise zum Sabbat.

Die Anmerkungen im Buch meines Vaters sind reich an Verweisen auf die Bibel, den Talmud, mittelalterliche Kommentare, den Zohar, chassidische Schriften; die Kenntnis meines Vaters von klassischen jüdischen Texten war enorm. Seine Anmerkungen öffnen uns ein Fenster in die Geschichte des jüdischen Selbstverständnisses: von der Talmud-Aussage, der Sabbat sei eine Königin, zu Raschis Modifikation, der Sabbat sei ein König. Durch die Jahrhunderte hindurch kam der Sabbat jede Woche zu den Jüdinnen und Juden, und Friede und Schönheit trat in ihre Häuser. Der Sabbat war ein Tag der Ruhe, aber auch ein Tag der Freude und des Festes; ein Tag des Gebets und Lernens, aber auch eine Gelegenheit, mit Familie und Freunden zusammen zu sein, ein Tag, um Gott zu preisen und den eigenen Geist zu erneuern.

Der Sabbat kommt mit seiner eigenen Heiligkeit. Wir nehmen nicht einfach teil an einem Tag, sondern an einer Atmosphäre. Mein Vater zitiert den Zohar: Sabbat ist der Name Gottes, ein Synonym für die *Schechina,* die göttliche Gegenwart. Wir sind im Sabbat so sehr, wie der Sabbat in uns ist *(vgl. S. 43)*. Für meinen Vater ist die Frage, wie wir diese Heiligkeit wahrnehmen: nicht, *wie sehr* wir die Sabbatregeln befolgen, sondern *wie* wir sie befolgen. Es reicht nicht aus, sich streng nach den Gesetzen zu richten, die die Einhaltung des Sabbats regeln; das Ziel ist, den Sabbat zu einem Vorgeschmack des Paradieses zu machen. Der Sabbat ist eine Metapher für das Paradies und ein Zeugnis für Gottes Gegenwart; in unseren Gebeten nehmen wir die messianische Zeit voraus, die ein Sabbat sein wird, und jeder Sabbat bereitet uns auf diese Erfahrung vor: »Wenn man nicht lernt, den Sabbat zu schmecken [...] wird man den Geschmack der Ewigkeit in der zukünftigen Welt nicht genießen können« *(vgl. S. 83 mit Verweis auf Mischna Tamid)*. Es war der siebte Tag, an dem Gott der Welt eine Seele gab *(vgl. S. 90)*, und das Weiterleben der Welt »hängt von der Heiligkeit des siebten Tages ab« *(vgl. S. 85f.)*. Damit wird es unsere Aufgabe, so schreibt er, wie wir Zeit in Ewigkeit wandeln, wie wir unsere Zeit mit Geist erfüllen. »Sechs Tage der Woche kämpfen wir mit der Welt, ringen wir dem Boden seinen Ertrag ab; am Sabbat gilt unsere Sorge vor allem der Saat der Ewigkeit, die in unsere Seele gesenkt ist. Unsere Hände gehören der Welt, aber unsere Seele gehört einem anderen« *(S. 35)*.

Am letzten Sabbat meines Vaters hatten wir eine wundervolle Mahlzeit mit vielen Freunden, nach der einer unserer Gäste einige der jiddischen Gedichte meines Vaters laut vorlas, die er als junger Mann geschrieben hatte. Er legte sich in dieser Nacht schlafen und wachte nicht wieder auf. In der jüdischen Tradition nennt man den Tod im Schlaf den Kuss Gottes, und an einem Sabbat zu sterben ist eine Gabe, die sich die Frommen verdienen. Für eine fromme Person, schrieb mein Vater einmal, sei es ein Privileg zu sterben.

Prolog: Die Architektur der Zeit

Mit der Technik hat der Mensch den Raum erobert. Dieser Triumph wurde häufig nur dadurch errungen, daß der Mensch einen wesentlichen Teil seiner Existenz opferte, nämlich die Zeit. Im Bereich der Technik verbrauchen wir Zeit, um Raum zu gewinnen. Unser Hauptziel ist, unsere Macht in der Welt des Raumes auszuweiten. Aber mehr haben heißt noch nicht mehr sein! Die Macht, die wir in der Welt des Raumes erlangen, endet plötzlich an der Grenze der Zeit. Zeit aber ist das Herz der Existenz.[1]

Es ist sicherlich eine unserer Aufgaben, Herrschaft über die Welt des Raumes zu erlangen. Gefährlich wird es, wenn wir beim Gewinn von Macht im Reich des Raumes alle Bemühungen im Reich der Zeit aufgeben. Im Reich der Zeit ist das Ziel nicht haben, sondern sein, nicht besitzen, sondern geben, nicht beherrschen, sondern teilen, nicht unterdrücken, sondern Solidarität üben. Das Leben verläuft falsch, wenn die Beherrschung des Raumes, der Erwerb der Dinge des Raumes, unser einziges Anliegen ist.

Nichts ist nützlicher als Macht, aber auch nichts schrecklicher. Oft haben wir unter der Erniedrigung durch Armut gelitten, jetzt droht uns die Erniedrigung durch Macht. Seine Arbeit lieben bedeutet Glück; den Profit lieben bedeutet Elend. Viele Herzen und Krüge werden am Brunnen des Profits zerbrochen.

1 Vgl. A. J. Heschel, Man is Not Alone. A Philosophy of Religion, 1951, S. 200 (in Vorb. im Neukirchener Verlag).

Wenn der Mensch sich als Sklave an die Dinge verkauft, wird er zum Gefäß, das am Brunnen zerbrochen wird.

Die Technik erwächst in erster Linie aus dem Verlangen des Menschen, die Kräfte der Natur zu unterwerfen und in den Griff zu bekommen. Die Herstellung von Werkzeugen, die Kunst des Spinnens und des Landbaus, das Häuserbauen, die Kunst des Segelns – alles dies spielt sich in der räumlichen Umgebung des Menschen ab. Der Geist ist völlig von Dingen des Raumes eingenommen, und diese bestimmen bis zum heutigen Tage alle Tätigkeiten des Menschen. Sogar die Religionen werden häufig von der Vorstellung beherrscht, daß die Gottheit im Raum wohnt, an bestimmten Orten wie Bergen, Wäldern, Bäumen oder Steinen, die daher als »heilige Orte« ausgesondert sind; die Gottheit ist an ein bestimmtes Land gebunden, und Heiligkeit ist eine Eigenschaft, die mit Dingen des Raumes assoziiert wird, und die Hauptfrage ist: *Wo* ist der Gott? Der Gedanke, daß Gott im Universum gegenwärtig ist, wird begeistert aufgegriffen; aber dieser Gedanke wird so verstanden, daß Er im Raum präsent ist, nicht aber in der Zeit; zwar in der Natur, aber nicht in der Geschichte; als wäre Er eine Sache und nicht Geist.

Selbst die pantheistische Philosophie ist eine Religion des Raumes; das höchste Wesen ist als unendlicher Raum gedacht. »Deus sive natura« hat Ausdehnung, Raum zum Attribut, nicht Zeit; für Spinoza ist Zeit lediglich ein Akzidens der Bewegung, eine Denkkategorie. Und der Wunsch, eine Philosophie more geometrico zu entwickeln, nach Art der Geometrie, die ja eine Wissenschaft des Raumes ist, ist bezeichnend für seine geistige Fixierung auf den Raum.

Der primitive Geist hat Schwierigkeiten, einen Gedanken ohne die Hilfe von Bildern zu erfassen, und die Phantasie hat gerade im Raum ihren Herrschaftsbereich. Sie muß ein sichtbares Abbild der Götter haben; wo kein Bild ist, da ist auch kein Gott. Die Verehrung des heiligen Bildes, des heiligen Zeichens oder Ortes, gehört nicht nur zum Grundbestand der meisten

Religionen, sie hat sich bei Menschen jeden Alters und aller Völker gehalten, bei frommen, abergläubischen und sogar antireligiösen. Sie alle verehren weiterhin Banner und Flaggen, Nationalheiligtümer und Denkmäler von Königen und Helden. Überall wird die Entweihung von Heiligtümern als Sakrileg betrachtet, und das Heiligtum kann so wichtig werden, daß die Idee, für die es steht, darüber in Vergessenheit gerät. Das Denkmal fördert das Vergessen, das Mittel macht das Ziel zunichte. Denn die Dinge des Raumes sind dem Menschen in die Hände gegeben. Zwar sind sie zu heilig, um befleckt, aber nicht zu heilig, um ausgebeutet zu werden. Um das Heilige festzuhalten, die Präsenz Gottes auf Dauer zu garantieren, wird sein Bild gestaltet. Aber ein Gott, den man bilden kann, ein Gott, den man eingrenzen kann, ist nur ein Schatten des Menschen.

Wir alle sind vom Glanz des Raumes und von der Größe der Dinge des Raumes berauscht. Das Ding ist eine Kategorie, die schwer auf unserm Geist lastet und unser ganzes Denken beherrscht. Unsere Phantasie neigt dazu, alle Vorstellungen nach diesem Bild zu gestalten. Im täglichen Leben befassen wir uns vorrangig mit dem, was unsere Sinne uns vermitteln: was die Augen sehen, die Finger berühren. Realität ist für uns Dinghaftigkeit, sie besteht aus Materie, die Raum einnimmt. Selbst Gott wird von den meisten Menschen als ein Ding vorgestellt.

Die Folge unserer Gebundenheit an die Dinge ist unsere Blindheit für alle Realitäten, die sich nicht als Dinge, als Tatsachen erweisen. Das wird deutlich in unserem Zeitverständnis, denn die Zeit ist nicht dinghaft und materiell, deshalb erscheint es uns, als habe sie keine Realität.[2]

Ja, wir wissen, was wir mit dem Raum machen können, aber wir wissen nicht, was tun mit der Zeit, es sei denn, sie dem

2 Bertrand Russel sagt, daß Zeit »ein unwichtiges und oberflächliches Charakteristikum der Wirklichkeit ist ... Eine gewisse Emanzipation von der Versklavung an die Zeit ist für das philosophische Denken notwendig ... Die Erkenntnis, daß die Zeit ganz unwichtig ist, ist das Tor zur Weisheit« (Our Knowledge of the External World, S. 166f).

Raum dienstbar zu machen. Die meisten von uns mühen sich offenbar für die Dinge des Raumes ab. Die Folge ist, daß wir unter einer tief eingewurzelten Angst vor der Zeit leiden und sprachlos entsetzt sind, wenn wir ihr ins Gesicht schauen müssen.[3] Für uns ist die Zeit bitterer Hohn, ein schlüpfriges trügerisches Ungeheuer mit einem Maul wie ein feuriger Ofen, der jeden Augenblick unseres Lebens verschlingt. Daher schrecken wir vor einer Konfrontation mit der Zeit zurück und nehmen unsere Zuflucht zu den Dingen des Raumes. Die guten Absichten, die wir nicht ausführen können, hinterlegen wir im Raum; Besitztümer sind das Zeichen für das, was wir verdrängen, sind die Jahrestage unserer Frustrationen. Aber die Dinge des Raumes sind nicht feuersicher; sie gießen nur Öl in die Flammen. Ist die Freude am Besitz ein Gegengift für den Terror der Zeit, die uns mit unausweichlichem Tod bedroht? In der Nähe besehen, erweisen sich die Dinge als trügerisches Glück; sie bedrohen unmittelbar unser Leben; die Frankensteins der Dinge des Raumes treiben uns mehr um, als sie uns helfen.

Der Mensch kann dem Problem der Zeit nicht aus dem Wege gehen. Je länger wir darüber nachdenken, desto klarer erkennen wir: Man kann die Zeit nicht durch den Raum überwinden. Nur in der Zeit können wir Herr der Zeit werden.[4]

Das höhere Ziel geistigen Lebens ist nicht, eine Fülle von Wissen als Besitz zu erwerben, sondern heilige Augenblicke zu erleben. Bei einer religiösen Erfahrung z.B. drängt sich dem Menschen nicht ein Ding auf, sondern eine geistige Präsenz.[5] Was in der Seele haften bleibt, ist der Augenblick der Erkenntnis, nicht aber der Ort, wo diese sich ereignet hat. Ein Augen-

3 »Zeit ist ein Übel, eine tödliche Krankheit, die eine verhängnisvolle Nostalgie hervorruft. Das Vergehen der Zeit ruft im Herzen des Menschen Hoffnungslosigkeit hervor und füllt seinen Blick mit Trauer« (N. Berdyaev, Solitude and Society, S. 134).

4 Vgl. A.J. Heschel, Die Erde ist des Herrn, Neukirchen-Vluyn 1985, S. 11f.

5 Das ist einer der Aspekte, der die religiöse Erfahrung von der ästhetischen unterscheidet.

blick der Erkenntnis ist ein Schatz, der uns über die Begrenztheit der gemessenen Zeit hinausführt. Geistiges Leben gerät in Verfall, wenn wir kein Gefühl mehr für die Größe dessen haben, was ewig ist in der Zeit.

Wir beabsichtigen nicht, die Welt des Raums zu verachten. Den Raum und die Segnungen der Dinge des Raumes herabzusetzen wäre eine Herabsetzung der Werke der Schöpfung, von denen es heißt, daß Gott sie anschaute und sah, daß »es gut war«. Man kann die Welt nicht nur »sub specie temporis« (unter dem Blickwinkel der Zeit) betrachten. Zeit und Raum sind miteinander verbunden. Einen von beiden zu übersehen hieße, teilweise blind zu sein. Wogegen wir uns wenden, ist die bedingungslose Unterwerfung des Menschen unter den Raum, seine Versklavung an die Welt der Dinge. Wir dürfen nicht vergessen, daß nicht ein Ding dem Augenblick Bedeutung verleiht, sondern der Augenblick verleiht den Dingen ihre Bedeutung.

Die Bibel ist mehr an der Zeit interessiert als am Raum. Sie sieht die Welt unter der Kategorie der Zeit. Sie widmet den Generationen, den Ereignissen mehr Aufmerksamkeit als Ländern und Dingen; sie ist an Geschichte interessiert und nicht so sehr an Geographie. Um die Lehre der Bibel recht zu verstehen, muß man ihre Voraussetzung akzeptieren, daß die Zeit eine Bedeutung für das Leben hat, die der Bedeutung des Raumes zumindest gleichkommt, daß die Zeit eine eigene Bedeutung und Hoheit hat.

Im biblischen Hebräisch gibt es kein Wort für »Ding«. Das Wort *davar*, das im späteren Hebräisch »Ding« bedeutet, heißt im Hebräisch der Bibel »Rede, Wort, Botschaft, Bericht, Nachricht; Ratschlag; Forderung; Versprechen; Entscheidung, Urteilsspruch; Thema, Erzählung, Ausspruch, Äußerung; Geschäft, Beschäftigung; Handlungen, gute Taten, Ereignisse; Weg, Art und Weise, Grund, Ursache« – aber niemals »Ding«. Ist dies ein Zeichen von sprachlicher Armut oder vielmehr ein Hinweis auf eine unverstellte Sicht der Welt, bei der die Realität (von lat. res = Ding) nicht mit Dinghaftigkeit gleichgesetzt wird?

Eine der wichtigsten Tatsachen in der Geschichte der Religion war die Umwandlung der Ackerbaufeste in Gedenktage für historische Ereignisse. Die Feste der alten Völker waren aufs engste mit dem jahreszeitlichen Ablauf der Natur verbunden. Sie feierten, was sich im Leben der Natur in der jeweiligen Jahreszeit abspielte. Dadurch wurde der Wert des Festtages von den Dingen bestimmt, die die Natur hervorbrachte oder auch nicht brachte. Im Judentum wurde Pessach, ursprünglich ein Frühlingsfest, zur feierlichen Begehung des Exodus aus Ägypten. Das Wochenfest, ein altes Erntefest am Ende der Weizenernte (*chag ha-kazir*, Ex 23,16; 34,22), wurde zur Feier des Tages, an dem die Tora am Sinai gegeben wurde. Das Laubhüttenfest, ein altes Weinlesefest (*chag ha-asif*, Ex 23,16), erinnert daran, daß Israel während seines Aufenthaltes in der Wüste in Hütten gewohnt hatte (Lev 23,42f). Für Israel waren die einmaligen Ereignisse historischer Zeit wichtiger als die stets wiederkehrenden Prozesse im Kreislauf der Natur, auch wenn das physische Überleben von letzteren abhing. Während die Gottheiten anderer Völker an Orte oder Dinge gebunden waren, war der Gott Israels der Gott der Ereignisse: der Erlöser aus der Sklaverei, der Offenbarer der Tora; Er offenbarte sich in Ereignissen der Geschichte und nicht in Dingen oder an Orten. So entstand der Glaube an den Nicht-Körperhaften und Unvorstellbaren.

Das Judentum ist eine *Religion der Zeit*, die auf die *Heiligung der Zeit* abzielt. Anders als der in räumlichen Kategorien denkende Mensch, für den die Zeit unverändert, ständig sich wiederholend, gleichförmig ist, für den alle Stunden gleich sind, ohne besondere Eigenschaften, leere Hülsen, hat die Bibel ein Gespür für den unterschiedlichen Charakter der Zeit. Es gibt nicht zwei Stunden, die gleich wären. Jede Stunde ist einmalig und die einzige, die in diesem Augenblick gegeben wird; sie ist exklusiv und unendlich kostbar.

Das Judentum lehrt, uns an die Heiligkeit der Zeit zu binden, an heilige Ereignisse, zu lernen, wie man Heiligtümer weiht, die aus dem gewaltigen Strom eines Jahres auftauchen. Die Sabbate sind unsere großen Kathedralen, und unser Allerheiligstes ist ein Schrein, den weder die Römer noch die Deutschen verbrennen konnten, ein Schrein, der nicht einmal durch Abfall vernichtet werden kann: Es ist der Tag der Umkehr. Nach Ansicht der alten Rabbinen ist es nicht die Feier des Tages der Umkehr, sondern der Tag selbst, »das Wesen des Tages«, das zusammen mit der Reue für die Sünden des Menschen Sühne bietet.[6]

Man kann das jüdische Ritual als die Kunst charakterisieren, der Zeit gültige Formen zu geben, als Architektur der Zeit. Seine meisten Begehungen – der Sabbat, der Neumond, die Festzeiten, das Sabbat- und das Jobeljahr – hängen an einer bestimmten Stunde des Tages oder der Jahreszeit. So bringt z.B. der Abend, der Morgen oder der Nachmittag die Aufforderung zum Gebet mit sich. Die Grundtatsachen des Glaubens liegen im Bereich der Zeit. Wir gedenken an den Tag des Auszugs aus Ägypten, an den Tag, als Israel am Sinai stand, und unsere messianische Hoffnung ist die Erwartung eines Tages, des Endes der Tage.

In ein wohldurchdachtes Kunstwerk wird eine Idee von her-

6 Maimonides, Mishne Tora, Teshuba 1,3 auf Grund von Yoma 8,8. Eine radikalere Ansicht findet sich in Sifra zu 23,27 und Shebuot 13a (der Soncino-Übersetzung): »Ich könnte meinen, daß der Tag der Sühne nicht sühnt, wenn er nicht fastet und ihn eine heilige Versammlung nennt (indem in die Gebete dieses Tages eingefügt wird: Gesegnet seist du, o Herr ... der du Israel und den Tag der Sühne heiligst; und indem man Feiertagskleider trägt, um damit zu zeigen, daß man den Tag als heilig anerkennt, [vgl. Tosafot Keritot 7a]) und an dem Tag nicht arbeitet. Wenn er aber nicht fastet und ihn nicht eine heilige Versammlung nennt und arbeitet – wieso nehmen wir an (daß der Tag für ihn sühnt)? Die Schrift sagt, es ist ein Tag der Sühne – er sühnt in allen Fällen.« Jedoch wird die Ansicht, daß der Tag selbst für jene sühnt, die nicht bereuen, sondern an eben diesem Tag tatsächlich sündigen, von den meisten Autoritäten nicht geteilt. Vgl. auch die Meinung von Rabbi (Yoma 85b). – Bemerkenswert ist Rabbi Yoses Vorstellung von besonderen Zeiten (Sanhedrin 102a; vgl. auch Tanchuma zu Gen 49,28). Vgl. auch die Ansichten von Rabbi Yochanan in Taʿanit 29a und von Rabbi Yose in Arakhin 11b; ebenso Pedersen, Israel I–II, S. 488.512; E. Panofsky, Studies in Iconology, S. 69–93.

ausragender Bedeutung nicht zufällig eingebracht, sondern wie ein König anläßlich einer offiziellen Zeremonie wird sie in einem Augenblick und auf solche Weise eingeführt, daß ihre Bedeutung und ihre führende Rolle in Erscheinung tritt. In der Bibel werden die einzelnen Worte mit außerordentlicher Sorgfalt gesetzt, vor allem solche, die wie Feuersäulen den Weg im weit ausgedehnten System der biblischen Bedeutungswelt weisen.

Eines der bedeutendsten Wörter in der Bibel ist das Wort *qadosh* – heilig; dies Wort ist mehr als alle anderen ein Zeichen für das Geheimnis und die Majestät des Göttlichen. Nun, was war der erste heilige Gegenstand der Weltgeschichte? War es ein Berg? Ein Altar?

Es ist eine einzigartige Gelegenheit, bei der das bedeutsame Wort *qadosh* zum ersten Mal gebraucht wird: im Buch Genesis am Ende der Schöpfungsgeschichte. Wie außerordentlich bemerkenswert ist die Tatsache, daß es auf die Zeit angewendet wird: »Und Gott segnete den siebenten Tag und machte ihn heilig«.[7] Im Schöpfungsbericht wird kein Gegenstand im Raum erwähnt, dem der Charakter der Heiligkeit zukäme.

Das ist eine radikale Abkehr von den herkömmlichen religiösen Vorstellungen. Mythisches Denken würde erwarten, daß nach der Erschaffung von Himmel und Erde Gott einen heiligen Ort schaffen würde, einen heiligen Berg oder eine heilige Quelle, wo dann ein Heiligtum errichtet werden soll. Jedoch kommt in der Bibel offenbar *die Heiligkeit der Zeit,* der Sabbat, an erster Stelle.

Als die Geschichte begann, gab es nur *eine* Heiligkeit in der Welt, die Heiligkeit der Zeit. Als am Sinai das Wort Gottes gesprochen werden sollte, wurde die Heiligkeit im Menschen verkündet: »Ihr sollt Mir ein heiliges Volk sein«. Erst nachdem das

7 Gen 2,3. »Gedenke des Sabbattages, daß du ihn heiligst ... denn in sechs Tagen hat der Herr Himmel und Erde gemacht ... darum segnete der Herr den Sabbattag und machte ihn heilig« (Ex 20,8.11). In den Zehn Geboten wird der Ausdruck ›heilig‹ nur im Zusammenhang mit einem Wort gebraucht, dem Sabbat.

Volk der Versuchung erlegen war, ein Ding, das Goldene Kalb, zu verehren, wurde die Errichtung der Stiftshütte, die Heiligkeit eines Ortes, befohlen.[8] Zuerst kam die Heiligung der Zeit, dann die Heiligung des Menschen und zuletzt die Heiligung des Raumes. Die Zeit wurde von Gott geheiligt; der Raum, die Stiftshütte, wurde von Mose geweiht.[9]

Zwar werden an den Festen Ereignisse gefeiert, die sich in der Zeit abgespielt haben; aber die Monatsdaten, die jedem Fest im Kalender zugewiesen werden, sind durch das Leben der Natur bestimmt. Pessach und Laubhüttenfest z. B. fallen auf Vollmond, und die Daten aller Feste sind Tage im Monat, und der Monat spiegelt den Kreislauf der Natur, denn der jüdische Monat beginnt mit dem Neumond, mit dem Wiederauftauchen des zunehmenden Mondes am Abendhimmel.[10] Im Gegensatz dazu ist der Sabbat völlig unabhängig vom Monat und steht in keiner Beziehung zum Mond.[11] Sein Datum wird durch kein Naturgeschehen wie den Neumond bestimmt, sondern durch die Schöpfung selbst. Dadurch ist das Wesen des Sabbat von der Welt des Raumes völlig losgelöst.

Die Bedeutung des Sabbat ist, die Zeit zu feiern und nicht den Raum. Sechs Tage der Woche leben wir unter der Tyrannei der

8 Vgl. Tanchuma, Ex 34,1 (31); Seder ʿOlam rabba, Kap. 6; Raschi zu Ex 31,18; vgl. aber Nachmanides zu Lev 8,2. Heiligkeit der Zeit wäre für die Welt genug gewesen. Heiligkeit des Raumes war ein notwendiger Kompromiß mit der Natur des Menschen. Die Errichtung der Stiftshütte wurde nicht im Dekalog befohlen. Mit deren Bau wurde begonnen als Antwort auf die unmittelbare Bitte des Volkes an Gott: »O Herr der Welt! Die Könige der Völker haben Paläste, in denen eine Tafel, Leuchter und andere Zeichen der Königswürde aufgestellt sind, damit man den König als solchen erkenne. Solltest nicht auch Du, unser König, Retter und Helfer, Zeichen königlicher Würde aufrichten, damit die Bewohner des Erdbodens erkennen mögen, daß Du ihr König bist?« (Midrasch Aggada 27,1; L. Ginzberg, The Legends of the Jews, III, S. 148f).

9 Num 7,1.

10 Jeder Mondumlauf von einem Neumond zum nächsten bildet einen Mondmonat und hat ungefähr 29 Tage und 12 Stunden.

11 Der babylonische siebte Tag wurde an jedem siebten Tag des Mondmonats gehalten (vgl. J. Barth, The Jewish Sabbath and the Babylonians, The American Israelite, 20.11.1902; vgl. H. Webster, Rest Days, 1916, S. 253f).

Dinge des Raumes; am Sabbat versuchen wir, uns einzustimmen auf die Heiligung der Zeit. An diesem Tag sind wir aufgerufen, Anteil zu nehmen an dem, was ewig ist in der Zeit, uns vom Geschaffenen dem Geheimnis der Schöpfung selbst zuzuwenden, von der Welt der Schöpfung zur Schöpfung der Welt.

Teil 1

Ein Palast in der Zeit

Wer sich in das Heiligtum des Tages begeben will, muß zuerst den Lärm profaner Geschäfte, das Joch der Plackerei hinter sich lassen. Er muß sich von den kreischenden Dissonanzen der Tage freimachen, von der Nervosität und wilden Gier und von der Täuschung, mit der er Verrat am eigenen Leben übt. Er muß der Arbeit seiner Hände Lebewohl sagen und verstehen lernen, daß die Welt bereits erschaffen ist und ohne die Hilfe des Menschen weiterleben wird. Sechs Tage der Woche kämpfen wir mit der Welt, ringen wir dem Boden seinen Ertrag ab; am Sabbat gilt unsere Sorge vor allem der Saat der Ewigkeit, die in unsere Seele gesenkt ist. Unsere Hände gehören der Welt, aber unsere Seele gehört einem anderen. Sechs Wochentage lang suchen wir, die Welt zu beherrschen; am siebten Tag versuchen wir, das Selbst zu beherrschen.

Als die Römer die Juden kennenlernten und deren strikte Befolgung des Gebotes, sich am Sabbat von jeglicher Arbeit zu enthalten, war ihre einzige Reaktion Verachtung. Der Sabbat sei ein Zeichen jüdischer Faulheit, war die Meinung Juvenals, Senecas und anderer.

Philo sagt als Sprecher der griechischsprechenden Juden von Alexandria zur Verteidigung des Sabbat: »Es ist uns geboten, daß wir uns an diesem Tag von aller Arbeit enthalten, nicht weil das Gesetz Trägheit fördert ... Das Ziel ist vielmehr, den Menschen Erholung von der ewigen, endlosen Plackerei zu gewähren, damit sie sich durch ein sorgfältig geplantes System der Ausspannung erfrischen und mit neuer Kraft an ihre alte Arbeit gehen können. Denn eine Atempause befähigt nicht nur gewöhnliche Leute, sondern auch Athleten, ihre Kräfte zu sammeln, damit sie mit verstärkter Kraft pünktlich und geduldig alle Aufgaben erledigen können, die vor ihnen liegen.«[1]

Hier wird der Sabbat nicht im Geist der Bibel erklärt, sondern im Geist des Aristoteles. Nach Ansicht des Stagiriten »brauchen wir Erholung, denn wir können nicht pausenlos arbeiten. Erholung ist also kein Ziel«, sie geschieht zugunsten weiterer Aktivität, »sie dient der Gewinnung von Kraft für neue Bemühungen.«[2] In der Bibel jedoch ist Arbeit ein Mittel zum Zweck, und der Sabbat als der Ruhetag, als Tag, an dem man keine Arbeit tut, dient nicht dem Zweck, verlorene Kraft wiederzugewinnen und sich für kommende Arbeit zu rüsten. Der Sabbat ist ein Tag für das Leben. Der Mensch ist kein Lasttier, und der Sabbat dient nicht dem Zweck, seine Arbeit erfolgreicher zu machen. Als »letzter der Schöpfung, aber erster dem Plan nach«[3] ist der Sabbat »das Ziel der Erschaffung von Himmel und Erde.«[4]

Der Sabbat ist nicht um der Wochentage willen da; die Wochentage sind um des Sabbat willen da.[5] Er ist kein Intermezzo, sondern Höhepunkt des Lebens.

Drei Taten Gottes kennzeichnen den siebten Tag: Er ruhte, Er segnete und Er heiligte den siebten Tag (Gen 2,2f). Zum Verbot der Arbeit kommt daher der Segen der Freude und der Akzent der Heiligkeit. Nicht nur die Hände des Menschen feiern den Tag, auch Zunge und Seele halten Sabbat. Man spricht an ihm nicht auf die gleiche Weise, wie man an den Wochentagen

1 Philo, De Specialibus Legibus II,60 (Loeb Klassiker, Philo, VII).
2 Nik. Ethik X,6.
3 Rabbi Solomo Alkabez, Lechah Dodi.
4 Abendgottesdienst für den Sabbat.
5 Zohar I, S. 75.

spricht. An Geschäft und Arbeit auch nur zu denken sollte man vermeiden.

Arbeit ist eine Fertigkeit, vollkommene Ruhe aber ist eine Kunst. Sie ist das Ergebnis eines Einklangs von Körper, Geist und Phantasie. Um einen Grad an Vollkommenheit in der Kunst zu erreichen, muß man sich ihrer Ordnung unterwerfen, muß man der Trägheit abschwören. Der siebte Tag ist ein Palast in der Zeit, den wir bauen. Er besteht aus Einfühlsamkeit, Ausdruck der Freude und Suchen nach Ruhe. In seinem Bereich erinnert eine feste Ordnung an die Nähe zur Ewigkeit. Es ist zwar wichtig, daß der Glanz des Tages in Begriffen der Enthaltung seinen Ausdruck findet, wie ja auch das Geheimnis Gottes zutreffender via negationis angedeutet werden kann, in den Kategorien einer negativen Theologie, die behauptet, daß wir niemals aussagen können, was Er ist; wir können nur sagen, was Er nicht ist. Wir spüren oft, wie armselig der Bau wäre, wenn er ausschließlich aus unsern Riten und Taten gebaut würde, die so ungeschickt und oft so aufdringlich sind. Wie sonst könnte man Herrlichkeit angesichts des Ewigen ausdrücken, als durch die Stille der Enthaltung von lärmendem Tun? Diese Enthaltung singt Lieder für jene, die wissen, wie man im Palast einer Königin weilt.

Es gibt ein selten gebrauchtes Wort, ein Wort für ein Gefühl, das fast zu tief ist, um ausgedrückt zu werden: Sabbatliebe. In unserer Literatur findet es sich selten, aber seit mehr als 2000 Jahren sind unsere Lieder und unser Gemüt voll davon. Es war, als sei ein ganzes Volk in den Sabbat verliebt. Vieles von seiner geistlichen Substanz kann man nur verstehen, wenn man darin ein Beispiel für eine bis zum äußersten gesteigerte Liebe sieht. Wie in der Ritterdichtung des Mittelalters war »das zugrundeliegende Prinzip, daß Liebe immer absolut sein sollte und daß das ganze Denken und Tun des Liebenden bei allen Gelegenheiten den allerintensivsten Gefühlen oder Empfindungen oder Vorstellungen entsprechen müsse, deren ein Liebender fähig ist.«

»Liebe war für die Troubadours und ihre Damen eine Quelle

der Freude. Ihre Forderungen und Bedürfnisse waren oberstes Gebot des Lebens. Liebe war Ritterdienst, war Treue und Ergebenheit; sie war die edelste Gabe des Menschen. Sie war auch die Quelle für hervorragende Leistung, der Antrieb zu großen Taten.«[6] Die ritterliche Kultur schuf einen romantischen Begriff von Verehrung und Liebe, der in seiner Verbindung von Mythos und Leidenschaft bis zum heutigen Tag die Literatur und den Geist des westlichen Menschen beherrscht. Der jüdische Beitrag zur Idee der Liebe ist die Vorstellung von der Liebe zum Sabbat, der Liebe zu einem Tag, zum Geist in Gestalt der Zeit.

Was ist so herrlich an einem Tag? Was ist so kostbar, daß es das Herz ergreift? Der Grund ist, daß der siebte Tag eine Goldgrube ist, wo man das kostbare Metall des Geistes finden kann, mit dem man den Palast in der Zeit baut, ein Bereich, in dem der Mensch bei Gott zu Hause ist, ein Bereich, in dem der Mensch bestrebt ist, der Gottesebenbildlichkeit nahezukommen.

Denn wo soll man die Ebenbildlichkeit finden? Es gibt keine Eigenschaft, die der Raum mit Gottes Wesen gemeinsam hätte. Es gibt nicht genug Freiheit auf Berggipfeln, es gibt nicht genug Herrlichkeit im Schweigen des Meeres. Aber das Bild Gottes kann in der Zeit gefunden werden, die verhüllte Ewigkeit ist.

Die Kunst, den siebten Tag zu feiern, ist die Kunst, auf die Leinwand der Zeit die geheimnisvolle Größe des Höhepunktes der Schöpfung zu malen: Wie Er den siebten Tag heiligte, so sollen wir ihn heiligen. Die Liebe zum Sabbat ist die Liebe des Menschen für das, was er mit Gott gemeinsam hat. Daß wir den Sabbattag haben, ist ein Hinweis darauf, daß Gott den siebten Tag heiligte.

Was wäre die Welt ohne den Sabbat? Es wäre eine Welt, die nur sich selbst kennt oder Gott verzerrt sieht als ein Ding oder als einen, der durch einen Abgrund von der Welt getrennt ist; es

6 H.O. Taylor, The Medieval Mind I, S. 588ff.

wäre eine Welt ohne die Vision eines Fensters, das sich aus der Ewigkeit zur Zeit hin öffnet.

Trotz aller Idealisierung des Sabbat besteht keine Gefahr, daß er zu einer Art Märchenidee wird. Trotz der romantischen Idealisierung bleibt der Sabbat eine konkrete Tatsache, eine gesetzliche Einrichtung und soziale Ordnung. Es ist nicht zu befürchten, daß er zum körperlosen Geist wird, denn der Geist des Sabbat muß immer im Einklang mit wirklichen Taten, mit bestimmten Handlungen und Enthaltungen stehen. Wirklichkeit und Geist sind eins wie bei einem lebenden Menschen Körper und Seele. Das Gesetz muß den Weg ebnen, die Seele muß den Geist spüren.

So fühlten die Rabbinen alter Zeit: Der Sabbat erfordert die ganze Aufmerksamkeit des Menschen, den Dienst und die aufrichtige Hingabe völliger Liebe. Die Logik dieser Vorstellung veranlaßte sie, die Reihe der Gesetze und Regeln der Observanz dauernd zu erweitern. Sie suchten die Natur des Menschen zu veredeln und sie würdig zu machen, in der Gegenwart des königlichen Tages zu leben.

Aber Gesetz und Liebe, Disziplin und Freude waren nicht immer eins. In ihrer wohlbekannten Sorge, den Geist des Tages zu entweihen, hoben die Rabbinen alter Zeit die Observanz auf eine Stufe, die zwar für Auserwählte erreichbar sein mag, aber nicht selten jenseits der Möglichkeiten gewöhnlicher Menschen liegt.

Die Verherrlichung des Tages, das Beharren auf strikter Observanz, veranlaßte die Rabbinen jedoch nicht zur Vergötterung des Gesetzes. »Der Sabbat ist euch übergeben, nicht ihr dem Sabbat.«[7] Die alten Rabbinen wußten, daß exzessive Frömmigkeit die Erfüllung des eigentlichen Wesens des Gesetzes gefährden kann.[8] »Laut der Tora ist nichts wichtiger, als Menschenleben zu

7 Mekhilta zu 31,13.
8 Gen rabba 19,3.

retten ... Wenn nur die geringste Möglichkeit besteht, daß ein Leben auf dem Spiel steht, darf man jedes Gebot des Gesetzes übertreten.«[9] Man muß *um des Menschen willen* Mizwot opfern, nicht aber Menschen *»um der Mizwot willen«*. Absicht der Tora ist, »Israel Leben zu schenken in dieser und in der zukünftigen Welt«.[10]

Ständige Strenge kann den Geist des Tages ernstlich dämpfen, aber Leichtfertigkeit würde ihn sicher auslöschen. Man kann eine kostbare Filigranarbeit nicht mit einem Speer bearbeiten oder eine Gehirnoperation mit einer Pflugschar ausführen. Man muß immer in Erinnerung behalten, daß der Sabbat keine Gelegenheit für Ablenkungen oder Leichtsinn ist; kein Tag, um ein Feuerwerk abzubrennen oder Purzelbaum zu schlagen, sondern eine Gelegenheit, unser zerrissenes Leben zu heilen, Zeit zu gewinnen, nicht aber zu vertreiben. Arbeit ohne Würde ist ein Grund für Elend, Ruhe ohne Geist eine Quelle für Verderbtheit. Tatsächlich hatten die Verbote den Erfolg, daß sie eine Vulgarisierung der Größe des Tages verhinderten.

Die Bewohner Roms forderten zwei Dinge – Brot und Zirkusspiele.[11] Aber der Mensch lebt nicht allein von Brot und Spielen. Wer lehrt ihn, nach dem Geist eines heiligen Tages zu verlangen?

Der Sabbat ist das kostbarste Geschenk, das die Menschheit aus Gottes Schatzhaus empfangen hat. Während der ganzen Woche denken wir: Der Geist ist zu weit entfernt, und wir verfallen in einen geistigen Absentismus oder beten höchstens: Sende uns ein wenig von Deinem Geist. Am Sabbat steht der Geist vor uns und bittet: Empfanget alle Fülle von mir ...

Aber was der Geist anbietet, ist oft zu erhaben für unseren trivialen Sinn. Wir empfangen gern die Erleichterung und Befreiung und übersehen die Anregungen des Tages, woher er kommt und wofür er steht. Deshalb beten wir um Einsicht:

9 Ausgenommen Götzendienst, Ehebruch und Mord.
10 Otzar ha-Geonim, Yoma, S. 30.32.
11 »Duas tantum res anxius optat, panem et circenses« (Juvenal Satiren X,80).

Mögen Deine Kinder erkennen und verstehen,
daß ihre Ruhe von Dir kommt
und daß ruhen heißt,
Deinen Namen zu heiligen.[12]

Den Sabbat halten heißt, die Krönung eines Tages im geistlichen Wunderland der Zeit zu feiern; er ist die Luft, die wir atmen, wenn wir »ihn eine Wonne nennen«.

Nenne den Sabbat eine Wonne[13]: eine Wonne für die Seele und eine Freude für den Leib. Da es so viele Handlungen gibt, die man am Siebten Tag nicht tun darf, »könntet ihr denken, Ich hätte euch den Sabbat zur Plage gegeben; Ich habe euch den Sabbat gewißlich zu eurer Freude gegeben.« Den siebten Tag heiligen heißt nicht: Du sollst dich kasteien, sondern im Gegenteil: Du sollst ihn mit deinem ganzen Herzen heiligen, mit deiner Seele und mit all deinen Sinnen. »Heilige den Sabbat durch gute Mahlzeiten, durch schöne Kleider; erquicke deine Seele mit Freude, und Ich will dir eben diese Freude lohnen.«[14]

Anders als der »Tag der Umkehr« widmet sich der Sabbat nicht ausschließlich geistlichen Zielen. Er ist ein Tag für Seele und Leib – Luxus und Freude sind integraler Bestandteil der Observanz des Sabbats. Der ganze Mensch, alle Bereiche seines Seins, müssen an dem Segen teilhaben.

Ein Prinz geriet einst in Gefangenschaft und war gezwungen, unter einem rohen und ungebildeten Volk zu leben. Jahre vergingen, und er verzehrte sich in Sehnsucht nach seinem königlichen Vater, nach seiner Heimat. Eines Tages erreichte ihn eine geheime Botschaft, in der sein Vater versprach, ihn zum Palast zurückzubringen, und ihn dringend bat, seine königliche Art nicht zu vergessen. Die Freude des Prinzen war groß, und er war

12 Nachmittagsgebet für den Sabbat.

13 Jes 58,13. »Wer die Sabbatfreude vermindert, ist, als habe er die Schechina beraubt, denn der Sabbat ist (Gottes) einzige Tochter« (Tikkune Zohar 21, ed. Mantua 1558, S. 59b).

14 Dtn rabba 3,1; vgl. Midrasch Tehillim, Kap. 90.

eifrig bemüht, den Tag zu feiern. Aber niemand kann alleine feiern. Daher lud er die Leute in ein Gasthaus des Ortes ein und bestellte reichliches Essen und Trinken für sie alle. Es war ein üppiges Fest, und alle waren voll Freude; die Leute wegen der Getränke und der Prinz in Vorfreude auf seine Rückkehr zum Palast.[15] Die Seele kann nicht alleine feiern, darum muß der Leib eingeladen werden, an der Freude des Sabbat teilzunehmen.

»Der Sabbat ist eine Erinnerung an die beiden Welten – diese Welt und die zukünftige; er ist ein Beispiel für beide Welten. Denn der Sabbat ist Freude, Heiligkeit und Ruhe; Freude ist ein Teil dieser Welt, Heiligkeit und Ruhe gehören zur kommenden.«[16]

Den siebten Tag halten bedeutet nicht einfach, einem strengen Gebot Gottes zu gehorchen oder zu entsprechen. Observanz bedeutet, die Schöpfung der Welt zu feiern und den siebten Tag immer wieder neu zu erschaffen; bedeutet die Herrschaft der Heiligkeit in der Zeit, »ein Tag der Ruhe, ein Tag der Freiheit«; ein Tag, der wie »ein Herr und König aller anderen Tage«[17] ist, ein Herr und König im Reich der Zeit.

Wie sollen wir den Unterschied zwischen dem Sabbat und den anderen Tagen der Woche bewerten? Wenn ein Tag wie z.B. der Mittwoch kommt, sind die Stunden leer; und wenn wir ihnen nicht Bedeutung verleihen, bleiben sie ohne Eigenart. Die Stunden des Siebten Tages tragen ihre Bedeutung in sich selbst; ihre Bedeutung und Schönheit hängen nicht von irgendeinem Werk, Profit oder Fortschritt ab, den wir zustande bringen können. Sie besitzen die Schönheit des Erhabenen.

> Erhabene Schönheit, Krone des Sieges,
> ein Tag der Ruhe und Heiligkeit . . .,

15 Vgl. Toledot Ya'akob Yosef, 1760, S. 203c.

16 Darum sprechen wir am Sabbat: »Freuet euch, ihr Himmel, sei fröhlich, Erde« (Ps 96,11). »Die Himmel sind ein Symbol für die zukünftige Welt, die Welt der Seelen, während Erde diese Welt symbolisiert, die irdisch und sterblich ist« (Al Nakawa, Menorat ha-Maor, ed. Enelow II, S. 182).

17 Shibbole ha-Leqet, Kap. 126.

eine Ruhe in Liebe und Weitherzigkeit,
eine wahre und echte Ruhe,
eine Ruhe, die Frieden und Gelassenheit,
Heiterkeit und Sicherheit verleiht,
eine vollkommene Ruhe, an der Du Gefallen hast.[18]

Die Zeit ist wie eine Wüste, sie ist großartig, aber nicht schön. Ihre seltsame und schreckliche Macht wird immer gefürchtet, aber selten gepriesen. Dann kommt der siebte Tag, und der Sabbat besitzt eine Glückseligkeit, die die Seele bezaubert, sich in unser Denken einschleicht und es heilt. Es ist ein Tag, an dem die Stunden einander nicht verdrängen. Es ist ein Tag, der alle Traurigkeit mildern kann.

Niemand, auch nicht der schlichte Mensch, der nicht Tora gelernt hat, kann gegenüber der Schönheit dieses Tages gefühllos bleiben. »Sogar, wer nicht gelernt hat, hat Ehrfurcht vor dem Tag.«[19] Die alten Rabbinen glaubten, daß es faktisch unmöglich sei, am heiligen Sabbattag zu lügen.

Was bedeutet das Wort »Sabbat«? Einige meinen, es sei der Name des Heiligen.[20] Da das Wort *shabbat* ein Name Gottes ist, soll man es nicht an unreinen Orten aussprechen, wo die Worte der Tora nicht gesagt werden dürfen. Einige achten darauf, es nicht unnütz zu gebrauchen.[21]

Der siebte Tag ist wie ein Palast in der Zeit mit einem Königreich für alle. Er ist kein Kalenderdatum, sondern eine Atmosphäre.

Er ist kein anderer Bewußtseinsstand, sondern ein anderes Klima; es ist, als ob sich das Aussehen aller Dinge irgendwie veränderte. Allem voran steht die Wahrnehmung, daß wir uns *im* Sabbat befinden, nicht der Sabbat in uns. Vielleicht wissen wir nicht, ob unser Verständnis richtig ist oder unsere Gefühle edel;

18 Nachmittagsgebet für den Sabbat.
19 Jer. Demai II,23d.
20 Zohar 88b; vgl. 128a.
21 Rabbi Zwi Elimelech von Dynow, Bne Issachar, Shabbat, S. 1.

aber die Luft des Tages umgibt uns wie der Frühling, der sich ohne unser Dazutun, ja ohne daß wir es merken, über das Land breitet.

»Wie kostbar ist das Laubhüttenfest! Wenn wir in der Hütte weilen, wird sogar unser Körper von der Heiligkeit der Mizwa umgeben«, sagte einst ein Rabbi zu seinem Freund. Worauf dieser antwortete: »Der Sabbat ist sogar noch mehr. Am Fest kannst du die Hütte für eine Weile verlassen, der Sabbat dagegen umgibt dich, wo immer du hingehst.«

Der Unterschied zwischen dem Sabbat und allen anderen Tagen liegt nicht in der materiellen Struktur der Dinge, in ihrer räumlichen Dimension. Die Dinge verändern sich nicht an diesem Tag. Der Unterschied besteht nur in der Dimension der Zeit, in der Beziehung des Universums zu Gott. Der Sabbat ging der Schöpfung voraus, und der Sabbat vollendete die Schöpfung; mehr an Geist kann die Welt nicht ertragen.

Es ist ein Tag, der der Seele Adel verleiht und den Körper weise macht. Eine Geschichte soll dies erläutern:

Es war einmal ein Rabbi, der von seinen Verfolgern in einem Verließ eingekerkert wurde, in dem ihn kein Lichtstrahl erreichte, so daß er nicht wußte, wann Tag und Nacht war. Nichts quälte ihn so sehr wie der Gedanke, daß er nun daran gehindert wurde, den Sabbat mit Gebet und Gesang zu feiern, wie er es von Jugend auf gewohnt war. Außerdem verursachte ihm ein fast unüberwindliches Bedürfnis zu rauchen große Pein. Er quälte sich mit dem Gedanken und machte sich Vorwürfe, daß er seine Leidenschaft nicht überwinden konnte. Auf einmal stellte er fest, daß sie plötzlich verschwunden war, und eine Stimme in seinem Innern sprach: »Jetzt ist Freitagabend! Denn das war stets die Stunde, wo mein Bedürfnis für das, was am Sabbat verboten ist, mich verließ.« Freudig erhob er sich und dankte Gott mit lauter Stimme und segnete den Sabbat. So ging es Woche für Woche; sein quälendes Verlangen nach Tabak schwand regelmäßig beim Herannahen des Sabbat.[22]

22 B. Auerbach, Poet and Merchant, 1877, S. 27.

Der Sabbat ist eine der größten Gaben des Lebens, eine Quelle der Kraft und Begeisterung, um schwere Prüfungen zu ertragen, um edel zu leben. Die Arbeit der Wochentage und die Ruhe am Siebten Tag gehören zusammen. Der Sabbat verleiht den Geist; den anderen Tagen wird er verliehen.

Die Worte »Am siebten Tag *beendete* Gott sein Werk« (Gen 2,2) geben Rätsel auf. Heißt es nicht: »Er *ruhte* am siebten Tag«? Und: »An *sechs* Tagen schuf der Herr Himmel und Erde« (Ex 20,11)? Wir würden sicherlich erwarten, daß die Bibel uns sagt, daß Gott Sein Werk am sechsten Tag beendete. Offenbar, so schlossen die Rabbinen alter Zeit, gab es am siebten Tag einen Schöpfungsakt. So wie Himmel und Erde in sechs Tagen geschaffen wurden, so wurde die *menucha* (Ruhe) am Sabbat geschaffen.

»Nach den sechs Schöpfungstagen – was fehlte dem Universum noch? *Menucha*! Dann kam der Sabbat und mit ihm die *menucha*, und das Universum war vollendet.«[23]

Menucha, was wir gewöhnlich mit »Ruhe« wiedergeben, heißt hier mehr als Abstand nehmen von Arbeit und Anstrengung, heißt mehr als frei sein von harter Arbeit, Mühe oder Tätigkeit irgendwelcher Art. *Menucha* ist kein negativer Begriff, sondern etwas Reales und durch und durch Positives. Das muß die Meinung der alten Rabbinen gewesen sein, wenn sie glaubten, daß ein besonderer Schöpfungsakt nötig war, um sie zu schaffen, daß das Universum ohne sie nicht vollkommen sein würde.

»Was wurde am siebten Tag geschaffen? Gelassenheit, Heiterkeit, Frieden und Ruhe.«[24]

Für den Menschen der Bibel bedeutete *menucha* dasselbe wie Glück[25] und Stille, Frieden und Harmonie. Das Wort, mit dem

23 Zitiert als Midrasch zu Megilla 9a von Raschi; zu Gen 2,2 vgl. Tosafot Sanhedrin 38a. Dem hellenistischen jüdischen Philosophen Aristobulus zufolge wurde am siebten Tag das Licht erschaffen, in dem man alle Dinge sehen kann, nämlich das Licht der Weisheit (vgl. Eusebius, Praeparatio Evangelica, ed. Gifford, Buch XIII, Kap. 12, S. 667a).

24 Gen rabba 10,9.

25 Dtn 12,9; vgl. 1Kön 8,56; Ps 95,11; Ruth 1,19.

Hiob den Zustand nach dem Leben beschrieb, nach dem er sich sehnte, hat dieselbe Wurzel wie *menucha.* Es ist der Zustand, wo der Mensch still liegt, wo die Gottlosen aufhören zu plagen und die Müden ruhen.[26] Es ist der Zustand, in dem es weder Kampf noch Streit gibt, weder Angst noch Mißtrauen. Das Wesen eines guten Lebens ist *menucha.* »Der Herr ist mein Hirte, mir wird nichts mangeln. Er läßt mich auf grünen Wiesen lagern. Er führt mich an stillen Wassern entlang« (den Wassern der *menucha*).[27] In späterer Zeit wurde *menucha* ein Synonym für das Leben der kommenden Welt, für ewiges Leben.[28]

Sechs Abende der Woche beten wir: »Behüte unsern Ausgang und Eingang«; am Sabbatabend beten wir statt dessen: »Umfange uns mit dem Zelt Deines Friedens.« Wenn wir aus der Synagoge nach Hause zurückgekehrt sind, stimmen wir das Lied an: Friede sei mit euch, Engel des Friedens.[29]

Der siebte Tag singt. Eine alte Allegorie versichert: »Als Adam die Hoheit des Sabbat sah, seine Größe und Herrlichkeit und die Freude, die er allen Geschöpfen brachte, stimmte er ein Lied zum Preis des Sabbat an, wie wenn er *dem Sabbat danken* wollte. Da sagte Gott zu ihm: ›Du singst dem Sabbat ein Preislied und Mir, dem Gott des Sabbats, keines?‹ Daraufhin erhob sich der Sabbat von seinem Sitz, warf sich vor Gott nieder und sagte: ›Gut ist es, dem Herrn zu danken.‹ Und die ganze Schöpfung stimmte ein: ›Und singen Deinem Namen, o Höchster‹.«[30]

»Die Engel haben sechs Flügel, einen für jeden Tag der Woche, mit dem sie ihr Lied singen; aber am Sabbat schweigen sie,

26 Hi 3,13.17; vgl. 14,13ff.

27 Ps 23,1f.

28 Shabbat 152b; vgl. Kuzari V,10; Yalkut Reubeni, Amsterdam 1700, S. 174a und das Gebet *El male rachamim.*

29 Vgl. Shabbat 119b.

30 Wertheimer, Batei Midrashot, Jerusalem 1950, S. 27; vgl. L. Ginzberg, The Legends of the Jews I, S. 85; V, S. 110.

denn der Sabbat selbst singt Gott dann einen Lobgesang.«[31] Der Sabbat regt alle Geschöpfe an, den Herrn zu preisen. In der Sprache der Liturgie des Sabbatmorgens heißt das:

Dem Gott, der von allen Werken
gefeiert am siebten Tag,
Er hat sich erhoben und thront
auf dem Thron Seiner Herrlichkeit.
In Pracht hat Er gehüllt den Tag der Ruhe,
Wonne nannte Er den Tag des Sabbat.
Das ist der Ruhm des siebten Tages,
daß an ihm Gott feierte von all Seinem Werk.
Und der siebte Tag preist und spricht:
Psalmlied des Sabbats,
gut ist es, Gott zu danken!
Darum rühmen und loben Gott
alle seine Geschöpfe.

[Sidur Sefat Emet, ins Deutsche übersetzt von S. Bamberger, Basel 1978, S. 196.]

Der Sabbat lehrt alle Geschöpfe, wen sie preisen sollen.

Über die Zivilisation hinaus

Die Technik ist das Produkt von Arbeit, vom Einsatz der Kraft des Menschen um des Gewinns willen, zum Zweck der Produktion von Gütern. Sie fängt damit an, daß der Mensch nicht mit dem zufrieden ist, was die Natur ihm bietet, und sich auf einen Kampf mit den Kräften der Natur einläßt, um seine Sicherheit zu vergrößern und seine Bequemlichkeit zu erhöhen. In der Sprache der Bibel: Es ist Aufgabe der Zivilisation, die Erde »untertan« zu machen und über die Tiere zu »herrschen«.

31 Or Zarua II,18c. Vgl. die von L. Ginzberg vorgeschlagene Emendation, The Legends of the Jews V, S. 101; Geonica II,48. Vgl. aber die schöne Legende in Yalkut Shimoni, Tehillim, 843.

Wie stolz sind wir oft auf unsere Siege im Kampf mit der Natur, stolz auf die Menge der Werkzeuge, die wir erfunden haben, auf die Unmenge an Waren, die wir schaffen konnten. Aber unsere Siege sehen plötzlich Niederlagen sehr ähnlich. Trotz unserer Triumphe sind wir Opfer der Werke unserer Hände geworden; es ist, als hätten die Kräfte, die wir überwunden haben, uns überwunden.

Ist unsere Zivilisation ein Weg ins Verderben, wie viele glauben? Ist Zivilisation ihrem Wesen nach böse, muß sie abgelehnt und verdammt werden? Der Glaube der Juden ist nicht ein Weg aus der Welt hinaus, sondern ein Weg, in und über dieser Welt zu sein; Zivilisation soll nicht abgelehnt, sondern übertroffen werden. Der Sabbat ist der Tag, an dem wir die Kunst lernen, über die Zivilisation hinauszuwachsen.

Adam wurde in den Garten Eden gesetzt, »um ihn zu bebauen und in Ordnung zu halten« (Gen 2,15). Arbeit ist nicht nur die Bestimmung des Menschen; sie ist mit göttlicher Würde ausgestattet. Als Adam jedoch vom Baum der Erkenntnis gegessen hatte, war er zur Mühsal verdammt, nicht nur zur Arbeit. »Unter Mühsal sollst du essen ... alle Tage deines Lebens« (Gen 3,17). Arbeit ist der Segen, Mühsal das Elend des Menschen.

Der Sabbat als ein Tag, an dem man keine Arbeit tut, ist nicht eine Herabsetzung der Arbeit, sondern deren Bejahung; Gott selbst hält ihre Würde hoch. Du sollst am siebten Tag keine Arbeit tun ist die Fortsetzung des Gebotes: Sechs Tage sollst du arbeiten und all dein Werk tun.[1]

»Sechs Tage sollst du arbeiten und all dein Werk tun; aber der siebte Tag ist Sabbat für den Herrn, deinen Gott.« So wie uns geboten ist, den Sabbat zu halten, wird uns geboten zu arbeiten.[2] »Liebe die Arbeit ...«[3] Die Pflicht, sechs Tage lang zu arbeiten,

1 Ex 20,9; 23,12; 31,15; 34,21; Lev 23,3; Dtn 5,13.
2 Mekhilta de-Rabbi Shimeon ben Yochai, ed. Hoffmann, Frankfurt a.M. 1905, S. 107.
3 Avot 1,10.

ist ebenso Teil von Gottes Bund mit dem Menschen wie die Pflicht, am siebten Tag keine Arbeit zu tun.[4]

Ein Tag der Woche, ausgesondert für die Freiheit, ein Tag, an dem wir die Werkzeuge, die so leicht zu Waffen der Vernichtung geworden sind, nicht benutzen; ein Tag, an dem wir für uns selbst da sind; ein Tag ohne die banalen Alltäglichkeiten; ein Tag, an dem wir nicht mehr die Götzen der technischen Zivilisation anbeten, an dem wir kein Geld benutzen; ein Waffenstillstand im wirtschaftlichen Kampf mit unseren Mitmenschen und mit den Kräften der Natur – gibt es irgendeine Einrichtung, die größere Hoffnung für den Fortschritt der Menschheit bereithält als der Sabbat?

Die Lösung des schwierigsten Problems der Menschheit liegt nicht im Verzicht auf technische Zivilisation, sondern im Erreichen einer gewissen Unabhängigkeit von ihr.

Was die äußeren Gaben und Besitztümer betrifft, gibt es nur eine angemessene Haltung – sie zu haben und imstande zu sein, ohne sie auszukommen. Am Sabbat leben wir sozusagen *unabhängig von der technischen Zivilisation:* Wir enthalten uns vor allem jeglicher Aktivität, die darauf abzielt, die Dinge des Raumes zu erneuern und zu ordnen. Das königliche Privileg des Menschen, die Natur zu unterwerfen, ist am siebten Tag ausgesetzt.

Welche Arbeiten darf man am Sabbat nicht tun? Nach den alten Rabbinen alles, was für den Bau und die Einrichtung des Heiligtums in der Wüste nötig war.[5] Der Sabbat selbst ist ein Heiligtum, das wir bauen, ein Heiligtum in der Zeit.

Es ist eines, von den Wechselfällen, die das Leben bedrohen, getrieben und gejagt zu werden, ein anderes, stille zu stehen und die Präsenz eines Augenblicks der Ewigkeit zu umfassen.

Der siebte Tag ist der Waffenstillstand im grausamen Existenzkampf des Menschen, ein Waffenstillstand in allen persön-

4 Avot de-Rabbi Natan, ed. Schechter, Kap. 11.

5 Vgl. Shabbat 49b.

lichen und sozialen Konflikten, Friede zwischen Mensch und Mensch, Mensch und Natur, Friede im Menschen; ein Tag, an dem der Umgang mit Geld als Entweihung gilt, an dem der Mensch seine Unabhängigkeit bestätigt von dem, was der oberste Götze der Welt ist. Der siebte Tag ist der Exodus aus Spannung, die Befreiung des Menschen aus seiner eigenen Verwirrung, die Einsetzung des Menschen zum Herrscher in der Welt der Zeit.

In dem stürmischen Meer der Zeit und der Mühsal gibt es Inseln der Stille, wo der Mensch in einen Hafen einlaufen und seine Würde wiederfinden kann. Die Insel ist der siebte Tag, der Sabbat, ein Tag der Abwendung von den Dingen, Werkzeugen und alltäglichen Angelegenheiten und der Hinwendung zum Geist.

Der ganze Sabbat muß »in Liebreiz, Anmut, Frieden und großer Liebe« verbracht werden . . ., »denn an diesem Tag finden selbst die Verdammten in der Hölle Frieden«. Daher ist es eine zweifache Sünde, am Sabbat Zorn zu zeigen. »Ihr sollt am Sabbat in eurer ganzen Wohnung kein Feuer anzünden« (Ex 35,3) wird so interpretiert: »Ihr sollt kein Feuer des Streites noch die Hitze des Zornes entfachen.«[6] Ihr sollt kein Feuer anzünden – auch nicht das Feuer gerechter Empörung.

Aus den Tagen, durch die wir uns hindurchkämpfen und unter deren Last wir seufzen, schauen wir auf den Sabbat als unsere Heimat, unseren Ursprung und unsere Bestimmung. Es ist der Tag, an dem wir von unseren gewöhnlichen Tätigkeiten lassen und unseren echten Rang zurückgewinnen; an dem wir an einem Segenszustand teilhaben können, in dem wir sind, was wir sind, unabhängig davon, ob wir gelehrt sind oder nicht, ob unsere berufliche Laufbahn ein Erfolg war oder ein Versager; es ist ein Tag, an dem man unabhängig von den gesellschaftlichen Gegebenheiten ist.

6 Rabbi Isaiah Horowitz, Shne Luchot ha-Berit, Frankfurt a.d.O. 1717, S. 131a.

Die ganze Woche über mögen wir uns den Kopf zerbrechen und uns Sorgen machen, ob wir reich oder arm sind, ob wir in unserem Beruf Erfolg haben oder versagen, ob wir unsere Ziele erreichen oder nicht. Aber wer könnte sich unglücklich fühlen, wenn er einen Strahl der Ewigkeit schaut, es sei denn, er fühlt mit Erschrecken, wie nichtig es ist, so unglücklich zu sein?

Der Sabbat ist nicht die Zeit für persönliche Sorge oder Ängste, für welche Dinge auch immer, die den Geist der Freude dämpfen könnten. Der Sabbat ist nicht die Zeit, der Sünden zu gedenken, zu beichten, zu bereuen oder auch nur um Beistand oder um etwas, das wir nötig haben, zu beten. Es ist der Tag des Lobpreisens, nicht des Bittens. Fasten, Trauern, Zeichen des Kummers sind verboten. Die Trauerzeit wird am Sabbat unterbrochen. Und wenn man am Sabbat einen Kranken besucht, soll man sagen: »Es ist Sabbat, man soll nicht klagen, du wirst bald wieder gesund.«[7] Am siebten Tag soll man Mühe und Anstrengung meiden, selbst die Anstrengung im Gottesdienst.[8]

Warum wird das Achtzehn-Bitten-Gebet am Sabbat nicht gesprochen? Weil Gott uns den Sabbat zur Freude, zur Wonne und zur Ruhe gegeben hat; das sollte nicht durch Sorgen oder Kummer beeinträchtigt werden. Wenn ein Kranker im Haus wäre, könnte man bei der Bitte »Heile die Kranken« daran denken und am Sabbat betrübt und bedrückt werden. Aus dem gleichen Grund bitten wir am Sabbat im Dankgebet nach dem Essen, »daß keine Traurigkeit oder Sorge am Tag unserer Ruhe sein möge«.[9] Es ist Sünde, am Sabbat traurig zu sein.[10]

7 Shabbat 12a.

8 »Rabbi Sheshet pflegte seine Schüler im Sommer auf einen sonnigen Platz und im Winter auf einen schattigen zu setzen, so daß sie schnell aufstehen sollten (wenn er sie am Sabbat lehrte). Rabbi Zera pflegte Gruppen von Studenten (die eine gelehrte Diskussion hatten) aufzusuchen und sagte zu ihnen ›Ich bitte euch, entheiligt ihn nicht‹ (den Sabbat, indem sie seine Freuden und gute Stimmung gering schätzten)« (Shabbat 119a–b).

9 Al Nakawa, Menorat ha-Maor II, S. 191.

10 Sefer Hasidim, ed. Wistinetzki, Berlin 1924, S. 426; vgl. Jer. Berakhot 5b.

Denn der Sabbat ist ein Tag der Harmonie und des Friedens, des Friedens zwischen den Menschen, im Menschen und mit allen Dingen. Am siebten Tag hat der Mensch kein Recht, in Gottes Welt einzugreifen, den Zustand der Dinge zu ändern. Es ist ein Ruhetag für Mensch und Tier gleichermaßen.

> Da sollst du keine Arbeit tun,
> weder du noch dein Sohn noch deine Tochter
> noch dein Sklave oder deine Sklavin
> noch dein *Rind* oder dein *Esel* noch all dein *Vieh*
> noch der Fremde, der in deinen Toren weilt;
> damit dein Sklave und deine Sklavin
> ruhen können wie du.[11]

Rabbi Solomon von Radomsk kam einmal in eine Stadt, wo, so hatte man ihm gesagt, eine alte Frau lebte, die den berühmten Rabbi Elimelech gekannt hatte. Sie war zu alt, um noch auszugehen, so besuchte er sie und bat sie, ihm zu erzählen, was sie über den großen Meister wußte.

»Ich weiß nicht, was in seinem Zimmer vor sich ging, denn ich habe als eines der Mädchen in der Küche seines Hauses gearbeitet. Nur eins kann ich dir erzählen. In der Woche pflegten die Mädchen oft miteinander zu streiten, wie das so geht. Aber allwöchentlich am Freitag, wenn der Sabbat nahte, war die Stimmung in der Küche wie am Abend des Großen Versöhnungstages. Jeder fühlte das Bedürfnis, die anderen um Vergebung zu bitten. Wir alle waren von dem Gefühl der Zuneigung und des inneren Friedens ergriffen.«[12]

So ist der Sabbat mehr als ein Waffenstillstand, mehr als ein Intermezzo; er ist tiefe bewußte Harmonie des Menschen und der Welt, Mitgefühl für alle Dinge und Teilhabe an dem Geist, der vereint, was unten und oben ist. Alles, was göttlich ist in der

11 Dtn 5,14.
12 K. Kamelhar, Dor De'ah, Bilgoraj, 1933, S. 127.

Welt, wird zur Einheit mit Gott gebracht. Das ist Sabbat und das echte Glück der ganzen Welt.

»Sechs Tage sollst du arbeiten und all dein Werk tun« (Ex 20,9). Ist es dem Menschen möglich, all seine Arbeit in sechs Tagen zu tun? Bleibt unsere Arbeit nicht immer unfertig? Was der Vers sagen will, ist dies: Ruhe am Sabbat, als ob all deine Arbeit getan wäre. Eine andere Interpretation lautet: »Ruhe selbst von dem Gedanken an die Arbeit.«[13]

»Ein frommer Mann machte einst einen Spaziergang am Sabbat durch seinen Weinberg. Er sah eine Lücke im Zaun und beschloß, sie auszubessern, wenn der Sabbat vorüber wäre. Am Ende des Sabbats beschloß er: Da ich den Gedanken, den Zaun zu reparieren, am Sabbat gefaßt habe, werde ich ihn niemals reparieren.«[14]

13 Mekhilta zu 20,9. Edward Mahler zufolge bedeutet das Verb *shabbat* nicht ›ruhen‹, sondern ›ganz sein‹. *Shabbatu*, das Nomen, bedeutet im Babylonischen einen Kreis im chronologischen Sinn, den Tag, an dem der Mond seinen Umlauf vollendet, den Tag des Vollmondes (Der Schabbat, ZDMG, LXII, S. 33–79).

14 Jer. Shabbat 15a.

Teil 2

Der Glanz des Raumes

Eine allegorische Interpretation einer uralten Auseinandersetzung.
Zeit: um das Jahr 130
Ort: Palästina
Anwesend: Drei führende Gelehrte und ein Außenseiter. Ort und Personen unter der Herrschaft des römischen Reiches.

Rabbi Juda ben Ilai, Rabbi Jose und Rabbi Shimeon ben Yochai saßen beieinander und mit ihnen ein Mann namens Juda ben Gerim. Rabbi Juda eröffnete das Gespräch und sagte: »Wie schön sind die Werke dieses Volkes (der Römer)! Sie haben Straßen und Marktplätze angelegt, Brücken gebaut und Bäder errichtet.« Rabbi Jose schwieg.

Da antwortete Rabbi Shimeon ben Yochai: »Alles, was sie gemacht haben, haben sie für sich selbst gemacht. Straßen und Märkte haben sie für den Aufenthalt von Huren gebaut; Brükken bauten sie, um Brückenzoll zu erheben; Bäder haben sie errichtet, um ihren Körper zu erfreuen.«

Juda ben Gerim ging nach Hause und berichtete seinen Eltern alles, was er gehört hatte. Das Gerede breitete sich aus, bis es der Regierung zu Ohren kam. Diese verordnete: Juda, der uns gepriesen hat, soll gepriesen werden; Jose, der geschwiegen hat, soll ins Exil gehen; Shimeon, der unser Werk schlechtgemacht hat, soll getötet werden.

Als Rabbi Shimeon dies hörte, nahm er seinen Sohn Rabbi Eleasar mit und verbarg sich im Lehrhaus, und seine Frau kam jeden Tag und brachte ihnen heimlich Brot und einen Krug Wasser. Als Rabbi Shimeon erfuhr, daß man sie suchte und gefangennehmen wollte, sprach er zu seinem Sohn: »Wir können uns nicht auf die Verschwiegenheit einer Frau verlassen, denn sie kann leicht überredet werden, oder man foltert sie, bis sie unser Versteck verrät.«

So gingen sie zusammen hinaus aufs Land und verbargen sich in einer Höhle, und niemand wußte, was aus ihnen geworden war. Dann ereignete sich ein Wunder: Ein Johannisbrotbaum wuchs in der Höhle, und ein Wasserbrunnen öffnete sich, so daß sie genug zu essen und zu trinken hatten. Sie legten ihre Kleider ab und gruben sich bis zum Hals in den Sand ein. Den ganzen Tag über studierten sie die Tora. Wenn die Gebetszeiten kamen, zogen sie ihre Kleider an und beteten; dann legten sie ihre Kleider wieder ab und gruben sich in den Sand ein, damit ihre Kleider nicht verschleißen sollten. So verbrachten sie 12 Jahre in der Höhle.

Als die 12 Jahre vergangen waren, kam der Prophet Elija, stand am Eingang der Höhle und rief:

»Wer wird dem Sohne Yochais mitteilen, daß der Kaiser tot und sein Dekret aufgehoben ist?«

Als sie das hörten, kamen sie aus der Höhle. Doch als sie die Menschen sahen, die die Felder pflügten und die Saat einsäten, riefen sie:

»Diese Menschen geben ihr ewiges Leben preis und befassen sich mit zeitlichen Dingen!«

Was immer sie anschauten, wurde von der Glut ihrer Augen verzehrt. Darauf rief eine Stimme vom Himmel:

»Seid ihr herausgekommen, um Meine Welt zu vernichten? Geht wieder in eure Höhle!«

So kehrten sie in ihre Höhle zurück und blieben ein weiteres Jahr dort; denn, so sagten sie, die Strafe der Gottlosen in der Hölle dauert nur zwölf Monate.

Als die zwölf Monate um waren, hörte man eine Stimme vom Himmel: »Kommt heraus aus eurer Höhle!«

So kamen sie heraus. Wo immer Rabbi Eleasar verletzte, heilte Rabbi Shimeon. Rabbi Shimeon sprach:

»Mein Sohn, wenn nur wir beide überbleiben, um die Tora zu studieren, so ist das genug für die Welt.«

Es war Sabbatabend, als sie ihre Höhle verließen, und als sie herauskamen, sahen sie einen alten Mann, der zwei Myrtensträuße in der Hand trug, eine süß duftende Pflanze, die den Duft des Paradieses hat.

»Wofür sind diese?«, fragten sie ihn.

»Dem Sabbat zu Ehren«, antwortete der alte Mann.

Da sagte Rabbi Shimeon zu seinem Sohn: »Merke und sieh, wie teuer Israel die Gebote Gottes sind ...«

In diesem Augenblick fanden beide ihren Seelenfrieden.[1]

Eine Fülle verborgener Bedeutungen findet sich in dieser stillen Einsiedlergeschichte von einem, der sich weigerte, den Glanz des zivilisierten Raumes zu feiern, weil er empört war über die skandalöse Entweihung der Zeit. Die Geschichte beschreibt auf symbolische Weise, wie Rabbi Shimeon ben Yochai und sein Sohn zur Versöhnung mit der Welt gelangten, nachdem Verbitterung und Ekel über die Welt sie dazu geführt hatten, daß sie tatsächlich versuchten, jene zu vernichten, die sich mit weltlichen Geschäften abgaben. Was diese Männer bewegte, war nicht, wie allgemein von Historikern behauptet[2], bloßes nationalistisches Ressentiment gegen die Macht, die das Volk von Judäa besiegt hatte und verfolgte. Aus dem Fortgang der Geschichte wird deutlich, daß es von Anfang an nicht nur um die römische Herrschaft ging, sondern um die römische Zivilisation. Nachdem sie 12 Jahre in der Höhle verbracht hatten, weitete sich das Problem noch weiter aus. Es war nicht mehr nur eine be-

1 Shabbat 33b und die Version und englische Übersetzung im Buch Maaseh, übers. von Moses Gaster, Jewish Publication Society, Philadelphia 1934, S. 25ff.

2 Vgl. z.B. J. H. Weiss, Zur Geschichte der jüdischen Tradition (Hebr.), II, S. 143.

stimmte Zivilisation, sondern die ganze Zivilisation, der Wert weltlichen Lebens, die problematisch wurden.

Rom war zu jener Zeit auf dem Gipfel seines Ruhmes. Es war Herr der Welt. Alle Mittelmeerländer lagen ihm zu Füßen. Sein Handel reichte über die Grenzen des Imperiums bis nach Skandinavien im Norden und China im Osten, und seine Zivilisation hatte einen hohen Stand an Perfektion der Technik erreicht. In allen Provinzen sah man weithin Zeichen des ungeheuren Fortschritts in Verwaltung, Technik und Architektur. Es war der Ehrgeiz seiner Herrscher, den Glanz des Zeitalters zum Ausdruck zu bringen, indem sie jede Provinz des Reiches mit öffentlichen Bauten schmückten. Foren, Theater, Amphitheater, öffentliche Bäder, Wasserleitungen und Brücken, die in vielen Städten gebaut wurden, waren oft Wunder der Baukunst.

Rom selbst thronte in seinem Glanz als die Stadt, auf die sich »die Blicke der Menschen und Götter richteten.« Noch Generationen nach dieser Epoche konnte ein Dichter versichern, »daß der Himmel nichts Schöneres zeigen konnte, daß kein Auge ihre ungeheuren Ausmaße erfassen, kein Herz ihre Schönheit ganz empfinden und keine Zunge ihren Preis vollkommen besingen konnte.«[3] Das Kolosseum in seiner überwältigenden Wuchtigkeit, das Pantheon mit seiner hohen Wölbung und insbesondere das Forum des Trajan, ein Bau, der nicht seinesgleichen hatte an Großartigkeit und »selbst von den Göttern bewundert wurde« – sie alle schienen zu verkünden, daß das Imperium gleichbedeutend mit Ewigkeit war. Der Mensch der Antike war geneigt zu denken, daß Bauwerke ewig bleiben.[4] Mit Recht gab man daher

3 Friedlaender, Roman Life and Manners, London 1908, I, S. 6.

4 Vgl. z.B. die Inschrift auf dem Grabmahl des Midas, Diogenes Laertius, Lives of Eminent Philosophers, ed. Loeb, I, S. 99f: »Ich bin eine eherne Jungfrau und ruhe auf Midas Grab. Solange das Wasser fließt und die Bäume wachsen und die Sonne aufgeht und scheint und der helle Mond, Flüsse fließen und das Meer die Küste umspült, werde ich, weilend auf diesem tränenbenetzten Grab, den Vorübergehenden sagen – hier ist Midas begraben.« Eine ähnliche Sicht ist in Jos 4,7 vorausgesetzt.

Rom das kostbarste Beiwort und nannte es »die ewige Stadt«.[5] Der Staat wurde Gegenstand der Verehrung, wurde göttlich; und der Kaiser verkörperte seine Göttlichkeit, wie er seine Souveränität verkörperte.

Es war schwer, von den Triumphen des großen Reiches nicht beeindruckt zu sein und dem sanften Rabbi Juda ben Ilai zu widersprechen, der die Wohltaten anerkannte, die Rom vielen Ländern gebracht hatte: »Wie schön sind die Werke dieses Volkes! Sie haben Straßen und Brücken gebaut und Bäder errichtet.« Und doch – für Rabbi Shimeon waren diese Triumphe anstößig, hassenswert und abstoßend. Er verachtete den berechnenden Nützlichkeitsgeist der römischen Zivilisation. Er wußte, daß die Römer all diese großartigen Bauwerke und öffentlichen Einrichtungen nicht gebaut hatten, um dem Volk zu helfen, sondern um ihren eigenen ruhelosen Zielen zu dienen: »Alles, was sie gemacht haben, machten sie für sich selbst.«[6]

Als Rabbi Shimeon ben Yochai die Welt der Zivilisation verließ und viele Jahre in einer Höhle zubrachte, wo er bis zum Hals in Sand eingegraben saß, gab er das weltliche Leben auf, um »ewiges Leben« zu erlangen. Aber das war kaum eine Errungenschaft in den Augen seiner Verfolger. Für die meisten Römer war Ewigkeit fast ein weltlicher Begriff. Das Weiterleben der Seele bedeutete nicht, hinweggetragen zu werden in ein überirdisches seliges Dasein. Unsterblichkeit bedeutete entweder Ruhm oder das Verbleiben im eigenen Heim, in der irdischen Wohnung

5 Die Bezeichnung »urbs aeterna« begegnet bereits bei Tibullus und in den Fasti des Ovid (3,78) sowie häufig in den offiziellen Urkunden des Reiches (vgl. Thesaurus Linguae Latinae I, 1141). Jerusalem wird nie *ʿir ʿolam* genannt. In der hellenistischen Zeit wird das Beiwort »ewig« ausschließlich für Gott verwandt: *ribbon haʿolamin, theos (kyrios, basileus) aionios* (vgl. W. Bousset, Die Religion des Judentums, Tübingen ³1936, S. 311, Anm. 5). Man findet jedoch den Ausdruck *ʿam ʿolam* in Jes 44,7; Ez 36,20 und den Segen in Jer 17,25. Der Ausdruck für Friedhof, *bet ʿolam* (Pred 12,5), ist eine alte orientalische Formel.

6 Ähnliche Kritik an der römischen Regierung wurde im Kreis von Rabbi Yochanan ben Zakkai geäußert (Baba Batra 10b; vgl. auch Pesikta de-Rav Kahana 95b). Gepriesen wird das römische Reich von Rabbi Shimeon ben Laqish (Gen rabba 9,13).

auch nach dem Tode. Aber Rabbi Shimeon verließ sein Haus wie auch den Weg zum Ruhm, den man gewöhnlich dadurch erlangt, daß man in die Geschäfte der Welt eingreift. Er floh aus der Welt, wo Ewigkeit das Attribut einer Stadt war, und ging in eine Höhle, wo er einen Weg fand, seinem Leben Ewigkeit zu verleihen.

Die Römer glaubten nicht, daß es überhaupt ein Leben nach dem Tode gäbe, sicherlich nicht an unsterbliche Seligkeit oder Vergeltung.[7] Das glühende Verlangen nach einem solchen Glauben war etwas, das den Geist eines Römers nicht befriedigen konnte. »Der Körper stirbt, die Person verschwindet, lebendig bleibt nur die Erinnerung an Tugend und Werk des Verstorbenen.«[8] Der Ausdruck »Unsterblichkeit« wurde zur Metapher, die besagte, daß man in der Erinnerung des Volkes fortlebte, eine Metapher, die bis zum heutigen Tag viele Prediger in ihrem Bann hält. In einem Antrag an den Senat, daß für die Soldaten der Martianischen Legion, die im Kampf gefallen waren, »ein Denkmal in der edelsten Gestalt, die möglich war, errichtet werden sollte«, sagte Cicero: »Kurz ist das Leben, das die Natur uns gibt; aber die Erinnerung an ein Leben, das edel geopfert wurde, währt immer ... Daher soll ein Koloß in hervorragender künstlerischer Arbeit errichtet und eine Inschrift gesetzt werden; und – die gefallenen Soldaten anredend – ob die Menschen euer Denkmal sehen oder davon hören, die Rede der tiefsten Dankbarkeit zu eurem Preis soll niemals schweigen. So werdet ihr im Tausch für den sterblichen Zustand des Lebens für euch Unsterblichkeit gewonnen haben.«[9] Bei anderer Gelegenheit sprach er von einer öffentlichen Versammlung, auf der »das ganze Volk von Rom mir nicht Worte des Dankes widmete, die mit dem Tag

7 W. W. Fowler, The Religious Experience of the Roman People, S. 387; G. F. Moore, History of Religions I, S. 551; vgl. besonders E. Rohde, Psyche, Tübingen 1925, II, S. 336ff.

8 Rohde, Psyche II, S. 395.

9 Philippica XIV,12. Das entspricht der alten Maxime: »Vergnügen sind vergänglich, Ehren sind unsterblich« (Diogenes Laertius I,97).

vergehen, sondern mir Ewigkeit und Unsterblichkeit zuerkannte«.[10] Eben dieses Verständnis von Ewigkeit war es, das Rabbi Shimeon veranlaßte, sich von der Welt zurückzuziehen. Ähnliche Gedanken entstanden zuweilen in den Köpfen stoischer Philosophen in Rom, und das veranlaßte Seneca zu sagen, daß die Götter uns gebieten, »uns vorzubereiten, uns in einer zukünftigen Zeit ihnen zuzugesellen und uns auf die Unsterblichkeit einzustellen«.[10a]

Der Lohn, nach dem die meisten Menschen trachten, hatte für Rabbi Shimeon ben Yochai wenig Wert. Er wurde von den Dingen der Erde nicht gefesselt, nicht von einer ganzen Welt, die verfallen wird. Oder war der Ruhm, den man unter Menschen erlangte, etwa ewig? Was ist die Erinnerung bei Menschen wert?

> Alles Fleisch ist Gras,
> all seine Güte ist wie die Blume des Feldes ...
> Das Gras verdorrt, die Blume verwelkt;
> aber das Wort unseres Gottes bleibt ewig stehen.[11]

Die Welt ist vergänglich, aber das, wodurch die Welt geschaffen wurde – das Wort Gottes – ist ewig.[12] Ewigkeit erlangt man, indem man sein Leben dem Wort Gottes weiht, dem Studium der Tora.

Bis zum heutigen Tag wird der Gedanke, daß die Tora die Quelle der Ewigkeit ist, in unseren Geboten verkündet. Für das Geschenk, daß wir den Geschmack der Ewigkeit wahrnehmen können, wenn wir uns der Tora widmen, danken wir immer wieder und sprechen: »Gesegnet seist Du ..., der uns die Tora

10 Mihi populus Romanus aeternitatem immortalitatemque donavit, Oratio in Pisonem, 7. Über Ciceros wahre Einstellung zum Problem der Unsterblichkeit vgl. Rohde, Psyche II, S. 326.

10a Epistolae Morales (Loeb Klassiker) C 11, S. 29. Vgl. A. Kaminka, in: Sefer Klausner, Tel Aviv 1937, S. 172.

11 Jes 40,6.8.

12 Vgl. den Ausspruch von Rabbi Akiba, der der Lehrer von Rabbi Shimeon war, in Avot 3,14.

gegeben ... und uns ewiges Leben eingepflanzt hat.«[13] Und wenn wir dorthin gehen und in der zukünftigen Welt ruhen – welche Seligkeit erwartet die Seelen der Rechtschaffenen? Sie fangen an, ein tieferes Verständnis vom Sinn der Tora zu gewinnen: »Dinge, die vor den Menschen in dieser Welt verborgen sind, werden durchsichtig wie Kristall.«[14]

Für Rabbi Shimeon wurde Ewigkeit nicht von jenen erlangt, die die Zeit für den Raum hingeben, sondern von jenen, die wissen, wie sie ihre Zeit mit Geist erfüllen können. Zeit und nicht Raum war für ihn das große Problem; die Aufgabe war, wie man Zeit in Ewigkeit verwandeln kann, und nicht, wie man den Raum mit Gebäuden, Brücken und Straßen füllt; und die Lösung des Problems lag im Lernen der Tora und im Beten und nicht in Geometrie und Technik.

Nur Himmel und sonst nichts?

Rabbi Shimeons Verachtung für die Dinge dieser Welt entsprang nicht einer überwältigenden Verzweiflung. Hinter seiner offenen Ablehnung der Weltlichkeit erkennen wir einen Durst nach den Schätzen der Ewigkeit und das Entsetzen darüber, wie die Menschen ihr Leben wegwarfen, indem sie nach zeitlichen Dingen und nicht nach dem ewigen Leben trachteten. In seinem grenzenlosen Durst sah er keinen Mittelweg, keine Möglichkeit für Kompromisse. Die Pflicht, Tora zu lernen – der Weg, Ewigkeit zu erlangen –, hatte sein ganzes Leben ausschließlich mit Beschlag belegt: »Dies Buch der Weisung (Tora) soll nicht aus deinem Munde weichen, sondern du sollst Tag und Nacht darüber nachdenken« (Jos 1,8). Davon abzulassen, und sei es nur für eine Stunde, bedeutete, einen Teil des ewigen Lebens aufzugeben,

13 Der Segensspruch nach dem Verlesen der Tora.
14 Pesikta, ed. Buber, S. 39b.

war ein Stück Selbstmord. Daher konnte Rabbi Shimeon alle weltlichen Tätigkeiten nur als Sünde betrachten.

Ein Zeitgenosse von Rabbi Shimeon ben Yochai, der berühmte Häretiker Elisha ben Abuja, vertrat den entgegengesetzten Standpunkt. Er war von der weltlichen Kultur des Hellenismus fasziniert, er pflegte die Schulen zu besuchen und versuchte, die Lernenden vom Studium der Tora abzubringen, und forderte sie auf, ihre Energien einer praktischen Tätigkeit zu widmen: »Heraus mit euch, ihr Faulenzer, hört auf, eure Tage nutzlos zu vergeuden. Fangt an, wie ein Mensch zu wirken; du da werde Schreiner, du Maurer, du Schneider und du dort Fischer!«[1]

Daß Rabbi Shimeon diese Welt verachtete und Elisha von ihr fasziniert war, stellt zwei extreme Positionen dar, die bei den Zeitgenossen wenig Anklang fanden. Der fromme Rabbi Juda ben Ilai, der die Römer gegenüber Rabbi Shimeon verteidigte, wies Rabbi Shimeons maßlose Forderungen an den Menschen zurück. Persönlich übte Rabbi Juda strenge Selbstverleugnung und Einfachheit. »Ich will nicht irgendwelche Vergnügen dieser Welt«, sagte er.[2] Aber sein Rat für andere war, daß der ideale Weg der mittlere sei. Das Leben wird mit zwei Wegen verglichen, der eine ist von Feuer, der andere von Eis. »Wenn du auf dem einen gehst, wirst du verbrennen; gehst du auf dem anderen, wirst du erfrieren. Was soll man tun? Geh in der Mitte.«[3]

Ganz anders Rabbi Shimeon. »Die Schrift sagt: ›Und du wirst dein Korn einsammeln‹ (Dtn 11,14) – was soll uns dies Wort bedeuten? Da geschrieben steht: ›Dies Buch der Weisung (Tora) soll nicht aus deinem Munde weichen, sondern du sollst Tag und Nacht darüber nachdenken‹ (Jos 1,8), kann man meinen, daß diese Worte so zu verstehen sind, wie sie geschrieben stehen (nämlich, daß man keiner anderen Tätigkeit, wie z.B. dem Erwerb des Lebensunterhalts, Zeit widmen soll); daher lehrt ein

1 Jer. Chagiga 77b.
2 Jer. Chagiga 77b.
3 Avot de-Rabbi Natan, Kap. 28.

anderer Ausspruch: ›Und du sollst dein Korn einsammeln‹, d.h. betreibe gleichzeitig eine weltliche Beschäftigung. Dies sind die Worte von Rabbi Ishmael. Rabbi Shimeon ben Yochai sagt: ›Wenn ein Mensch pflügen kann zur Zeit des Pflügens, säen zur Zeit des Säens, ernten zur Zeit der Ernte, dreschen zur Zeit des Dreschens und worfeln zur Zeit des Worfelns – was wird dann aus der Tora?‹«[4]

Rabbi Shimeon und sein Sohn erscheinen in dieser Geschichte als Gegenpol zu Prometheus. Als Zeus in einem Racheakt den Menschen das Feuer vorenthielt, stahl es Prometheus den Göttern und brachte es den Menschen, in einem hohlen Stock verborgen, auf die Erde und lehrte sie den Gebrauch der Technik. Dafür wurde er von den Menschen als Begründer der Zivilisation verehrt, von den Göttern jedoch bestraft, indem er an einen Felsen gekettet wurde, wo Tag für Tag ein Adler seine Leber fraß, die über Nacht wieder heilte.[5] Im Gegensatz dazu versuchte Rabbi Shimeon sozusagen, den Menschen das Feuer wegzunehmen und ihnen Vorwürfe zu machen, weil sie den Boden kultivierten. Dafür wurde er von einer himmlischen Stimme getadelt und zur Strafe zwölf Monate in einer Höhle gefangengehalten.

Der verblüffendste Augenblick der Geschichte kommt am Schluß, im Epilog. Nachdem die beiden Heiligen zwölf Jahre in der Höhle mit Lernen und Gebet verbracht hatten, verurteilten sie weiterhin alle weltlichen Geschäfte. Nachdem die Stimme vom Himmel sie getadelt hatte und sie weitere zwölf Monate der Buße in der Höhle verbracht hatten, war der Vater von seiner Weltverachtung geheilt. Der Sohn jedoch machte nicht einmal dann Frieden mit der Welt. Erst als beide dem »alten Mann« begegneten, der die zwei Myrtensträuße zu Ehren des Sabbat trug, gab sein Anblick ihnen beiden den Seelenfrieden. Was war

4 Berakhot 35b.
5 Vgl. J. G. Frazer, The Myths of the Origin of Fire, London 1930, S. 193f.

die symbolische Bedeutung dieses Anblicks? Wieso wies er auf eine Lösung des tragischen Problems der Zivilisation hin?

Die Lehre Rabbi Shimeons war: Es gibt nur den Himmel und sonst nichts. Aber der Himmel widersprach ihm und sagte: Es gibt den Himmel und alles andere. Sein kämpferischer Zorn wurde jäh gebrochen von der Stimme: Seid ihr herausgekommen, um meine Welt zu zerstören? Was Rabbi Shimeon verurteilte, das hieß die Stimme gut.

Erst als Rabbi Shimeon und sein Sohn am Ende ihrer zweiten Verbannungszeit aus der Höhle kamen, waren sie mit dem Gedanken versöhnt, daß die Welt diesseits des Himmels wert ist, darin zu arbeiten. Was bewirkte ihren Sinneswandel?

Es war der »alte Mann« – Symbol für das Volk Israel – der dem Sabbat entgegenging mit Myrten in der Hand, als ob der Sabbat eine *Braut* wäre.

Die Myrte war in alter Zeit ein Symbol der Liebe, die Pflanze der Braut. Wenn der Bräutigam auszog, um seine Freunde zur Hochzeit einzuladen, pflegte er Myrtenzweige in der Hand zu tragen.[6] Mancherorts war es Sitte, bei der Hochzeitszeremonie den Segensspruch über die Myrte zu sprechen.[7] Ein Baldachin aus Myrte wurde für die Braut errichtet[8], während der Bräutigam eine Girlande aus Rosen oder Myrte trug.[9] Es war üblich, mit Myrtenzweigen vor der Braut zu tanzen. Rabbi Juda ben Ilai, der Kollege von Rabbi Shimeon ben Yochai, uns bekannt von seiner Teilnahme an dem Disput über Rom, wurde für seine Bemühungen gelobt, jeder Braut Freude zu bereiten. Er pflegte

6 Bet Midrash V,153.

7 Mishne Tora, Ishut 10,4.

8 Raschi, Shabbat 150b.

9 Mishna Sota 9,14; Tosefta 15,8; Talmud 49b. Das hebräische Wort für Myrte *(hadassa)* war der ursprüngliche Name für die schöne Esther (2,7). In den Gedichten Halevis wird die Braut beschrieben als »ein wallender Myrtenbaum unter den Bäumen Edens« (vgl. Löw, Die Flora der Juden II, S. 273). In der griechischen Mythologie ist die Myrte die Pflanze der Aphrodite und ein Symbol der Liebe (Pauly-Wissowa, s.v. Aphrodite, S. 2767; s.v. Myrte S. 1179).

Myrtenzweige zur Hochzeit zu bringen, vor der Braut zu tanzen und zu rufen: Schöne und anmutige Braut![10] Der »alte Mann«, der im Dämmern lief, um den Sabbat willkommen zu heißen, und zwei Myrtensträuße in den Händen trug[11], personifizierte den Gedanken, daß Israel den Sabbat wie eine Braut begrüßt.[12]

Für die Römer war die Technik und Zivilisation das höchste Ziel und Zeit um des Raumes willen da. Für Rabbi Shimeon war Spiritualität das höchste Ziel, und Zeit war um der Ewigkeit willen da. Sein Trost war schließlich: Trotz aller Hinwendung zu zeitlichen Dingen lag die Rettung Israels in dem, wozu es be-

10 Ketubot 17a. Rabbi Samuel, der Sohn von Rabbi Isaac, tanzte mit drei Zweigen. Sprach Rabbi Zera: Der alte Mann beschämt uns. Als Rabbi Samuel starb, erschien eine Feuersäule, die ihn von der übrigen Welt trennte. Es gibt eine Tradition, daß eine Feuersäule nur für ein oder zwei Menschen in einer Generation eine solche Trennung bewirkt (vgl. auch Jer. Pea 15d; Jer. Avoda Zara 42c).

11 Die Myrte wurde mit der Zeit als die Pflanze des Sabbat betrachtet (»Der Sabbat braucht die Myrte«, [Sefer Hasidim, ed. Wistinetzki, Frankfurt a.M. 1924, S. 145]). Im Gefolge von Rabbi Isaac Luria pflegten viele Leute am Freitagabend zwei Myrtensträuße zu nehmen, den Segensspruch über ihnen zu sagen und ihren Duft einzuatmen. (vgl. Shulhan Aruch des Rabbi Isaac Luria, Wilna 1880, S. 29a; vgl. auch Rabbi Isaia Horowitz, Shne ha-Berit, Frankfurt/Oder 1717, S. 133b). Lauterbachs Erklärung für die Verwendung der Myrte am Sabbat (Hebrew Union College Annual XV, S. 393f) stimmt nicht mit deren Rolle in der Erzählung des Rabbi Shimeon ben Yochai überein. Am Ende des Sabbat, wenn die zusätzliche Seele scheidet, muß man sich durch den Duft aromatischer Kräuter erfrischen, denn in diesem Augenblick »sind Seele und Geist getrennt und betrübt, bis der Duft kommt und sie wieder vereint und glücklich macht« (Zohar III, S. 35b). Ibn Gabbai, Tolaʿat Jacob, S. 30a zufolge ist die Myrte für diesen Zweck vorzuziehen. Vgl. die anderen Quellen, zitiert bei Lauterbach, Hebrew Union college Annual XV, S. 382f. Der Talmud spricht immer von der Verwendung aromatischer Kräuter für die *habdalah*-Zeremonie, erwähnt aber nie speziell die Myrte. Bis heute ist die Sitte, einen Segensspruch über aromatische Kräuter in einer Gewürzdose während der *habdalah*-Zeremonie zu sprechen, allgemein verbreitet.

12 Nach der Aussage des »alten Mannes«, daß er zwei Myrtensträuße zu Ehren des Sabbat trage (s.o.S. 32), fragte ihn Rabbi Shimeon: »Aber einer würde dir doch genügen?« Der alte Mann antwortete: »Einer ist für ›Gedenke‹, der andere für ›Halten‹.« Dies war eine Anspielung auf die beiden verschiedenen Worte, mit denen das Sabbatgebot in den beiden Versionen der Zehn Gebote beginnt (Ex 20,8 und Dtn 5,12). Einem alten mythischen Text zufolge ist »Gedenke« ein Hinweis auf das männliche Prinzip und »Halte« auf das weibliche (Bahir, Wilna 1913, S. 17d). Wir können annehmen, daß dies Rabbi Shimeon auf den Gedanken brachte, daß der Sabbat die Braut war und Israel der Bräutigam.

stimmt war, in der Hingabe, die tiefer war als alle Interessen – die Hingabe an den Sabbat.

Das ist also die Antwort auf das Problem der Zivilisation: nicht aus dem Reich des Raumes zu fliehen; mit den Dingen des Raumes zu arbeiten, aber die Ewigkeit zu lieben. Die Dinge sind unsere Werkzeuge; die Ewigkeit, der Sabbat, ist unser Partner. Israel ist der Ewigkeit verlobt. Auch wenn es sechs Tage der Woche den weltlichen Geschäften widmet – der siebte Tag fordert seine Seele.

»Du bist Einer«
Eine Allegorie

Im Anfang war die Zeit eins, ewig. Aber die nicht unterteilte Zeit, die ewige Zeit, hätte keine Beziehung zur Welt des Raumes gehabt. So wurde die Zeit in sieben Tage geteilt und trat in enge Beziehung zur Welt des Raumes. Mit jedem einzelnen Tag entstand ein anderer Bereich der Dinge, ausgenommen am siebten Tag. Der Sabbat stand als Tag alleine. Man könnte ihn mit einem König vergleichen, der sieben Söhne hatte. Sechsen von ihnen gab er seine Güter, dem jüngsten verlieh er Adel, das Vorrecht der Könige. Die sechs älteren Söhne, die Nichtadelige waren, fanden Partner, aber der Adelige blieb ohne Partner.

Sprach Rabbi Shimeon ben Yochai: Als das Werk der Schöpfung vollendet war, bat der siebte Tag: Herr der Welt, alles, was Du geschaffen hast, ist ein Paar; jedem Tag der Woche gabst Du einen Partner, nur ich bin alleine. Und Gott antwortete: Die Gemeinde Israel wird dein Partner sein.

Das Versprechen wurde nicht vergessen. »Als das Volk Israel vor dem Berg Sinai stand, sprach der Herr zu ihnen: ›Denk daran, daß ich dem Sabbat gesagt habe: Die Gemeinde Israel ist dein Partner. Darum: Gedenke des Sabbattages, daß du ihn heiligst‹« (Ex 20,8). Das hebräische *le-kadesh* – um zu heiligen – bedeutet in der Sprache des Talmud, eine Frau zu weihen, zu verloben. Also war die Bedeutung des Wortes am Sinai, Israel einzuschärfen, daß seine Bestimmung ist, der Bräutigam des heiligen Tages zu sein, das Gebot einzuschärfen, sich dem siebten Tag[1] zu vermählen.

Trotz all seiner Größe ist der Sabbat sich selbst nicht genug. Seine geistige Realität erfordert die Gemeinschaft mit dem Menschen. Es gibt ein großes Sehnen in der Welt. Die sechs Tage brauchen den Raum, der siebte Tag braucht den Menschen. Es ist nicht gut, daß der Geist alleine sei, darum wurde Israel dazu bestimmt, ein Gehilfe des Sabbats zu sein.

Um die Bedeutung dieser neuen Vorstellung zu begreifen, ist es wichtig, sich die Stimmung des Zeitalters bewußtzumachen. Rabbi Shimeon gehörte zu einer Generation, die unter der Führung von Bar Kochba sich mit Waffengewalt gegen die Macht Roms erhob, um in einer letzten Anstrengung die Unabhängigkeit wiederzuerlangen und den Tempel in Jerusalem wieder zu bauen. Ohne das Heiligtum war Israel scheinbar allein in der Welt. Der Aufstand wurde niedergeschlagen; es wurde deutlich, daß es keine Möglichkeit mehr für einen weiteren gab. Das Heiligtum im Raum würde für lange Zeit in Trümmern liegen. Aber Rabbi Shimeons Idee verkündete, daß Israel nicht alleine war. Israel war mit der Heiligkeit, mit der Ewigkeit verlobt. Der Bund wurde geschlossen, lange bevor die Geschichte ihren Anfang nahm; der Sabbat war eine Vereinigung, die niemand trennen

1 Gen rabba 11,8. Die hier gebotene Interpretation ist allegorisch (vgl. Beure Hagra, Gaon von Wilna, Warschau 1886, S. 98). Israels Beziehung zu Gott ist teilweise eine klare geschichtliche Tatsache und teilweise ein Geheimnis, ein inneres Geschehen. Für Rabbi Shimeon ben Yochai ist der Sabbat das Zeichen für das Geheimnis in dieser Beziehung. Er sagt: Der Heilige gab Israel alle Mizwot, alle Gebote öffentlich mit Ausnahme des Sabbat, der vertraulich gegeben wurde, wie geschrieben ist: »Zwischen Mir und Israel ist es ein Zeichen für Israel *le-ʿolam* (auf ewig) (Ex 31,17). »Zwischen . . . und« ist ein hebräischer Ausdruck für die enge Beziehung von Mann und Frau (vgl. Nedarim 79b). Das wort *le-ʿolam* (auf ewig) wird so geschrieben, daß man lesen kann, als wäre es *le-ʿalem* vokalisiert: als ein Geheimnis bewahrt zu werden (Beza 16a).

konnte. Was Gott zusammengefügt hatte, konnte nicht geschieden werden.

Zu einer Zeit, da in Rom die Vergottung des Kaisers offizielle Lehre war, rühmte Rabbi Shimeon das Abstrakteste, was es gab: die Zeit, den siebten Tag. Die jüdische Tradition hatte eine Abneigung gegen Personifizierungen, aber in ihren Allegorien personifizierte sie rhetorisch die Weisheit der Tora. Die Kühnheit von Rabbi Shimeon bestand darin, daß er einen Tag rühmte und die enge Verbindung von Israel und dem Sabbat verkündete.

Rabbi Shimeons Vorstellung weist auf die Idee hin, daß die Beziehung des Menschen zum Geist nicht einseitig ist; es gibt eine Wechselwirkung zwischen Mensch und Geist. Der Sabbat ist nicht nur eine gesetzliche Institution, eine Stimmung oder eine bestimmte Haltung, sondern ein Prozeß in der Welt des Geistes. Am Beginn der Zeit stand ein Verlangen, das Verlangen des Sabbats nach dem Menschen.

Durch Rabbi Shimeon ben Yochai wurde das Licht einer großen Idee im Spiegel eines Wortes eingefangen, das die Bestimmung eines Volkes und den Nimbus eines Tages verrät. Es blieb nicht Theorie, es war eine Erkenntnis, die Geschichte machte. In der Seele des Volkes verwurzelt, fand sie ihren Ausdruck in dessen Gedanken, Liedern und Gebräuchen durch die Jahrhunderte.

Nur zwei Generationen nach Rabbi Shimeon gibt es einen neuen Ton in der Begehung des Tages. Um die Mitte des 3. Jh. sprechen hervorragende Gelehrte vom siebten Tag nicht in der Weise, als ob es sich um abstrakte Zeit handele, die flüchtig an uns vorüberzieht. Der Tag war lebendige Gegenwart, und wenn er kam, empfanden sie, als ob ein Gast sie besuchte. Und natürlich muß ein Gast, der einen freundschaftlichen oder achtungsvollen Besuch abstattet, willkommen geheißen werden. Es wird von Rabbi Yannai erzählt, daß es bei ihm Sitte war, am Sabbatabend ein festliches Gewand anzulegen und sich an den unsichtbaren Gast zu wenden: »Komm, o Braut, komm, o Braut!«[2] Von einem anderen Zeitgenossen, Rabbi Chanina dem Großen, wissen wir, daß er sich bei Sonnenuntergang am Sabbatabend in herrliche Gewänder kleidete, lostanzte[3] und, wohl in Gegenwart seiner Freunde, ausrief: »Kommt, laßt uns hinausgehen, um die Königin Sabbat zu begrüßen.«[4]

2 Shabbat 119a. Rabbi Yannais erster Wohnort war in Sephoris. Später fanden Rabbinen einen Hinweis auf die Vorstellung vom Sabbat als Braut in dem Wort *vaykullu* in Gen 2,1 (Leka Tob, ed. Buber, Wilna 1884, S. 9a; vgl. das Zitat aus Midrasch Hashkem in Al Nakawa II, 191).

3 Rabbenu Hananel, Baba Kama 32a. Vgl. R. Rabinowicz, Variae lectiones, ad locum.

4 Shabbat 119a. Rabbi Chanina ben Chama von Sephoris starb um das Jahr 250. Es ist natürlich kein Widerspruch, wenn man den Sabbat einmal »Braut«, ein andermal »Königin« nennt. Ein altes hebräisches Sprichwort sagt: »Der Bräutigam ist wie ein König« (Pirke de Rabbi Eliezer, Kap. 16 [Ende]). Ausdrücklich wird in Zohar, Raya Mehemna III, S. 272b gesagt: »Der Sabbat ist beides, Königin und Braut«. – Wenn der Tag eine Braut ist, wer ist der König? In den Aussprüchen der eben zitierten Weisen wird das nicht ausgesprochen. Für Rabbi Shimeon ben Yochai jedoch ist der Sabbat der Partner Israels. Im Lauf der Zeit nahm der Gedanke eine neue Bedeutung an. Rabbi Yohanan, ein Gelehrter des 3. Jh. spricht vom Sabbat als der Königin Gottes. (vgl. Dtn rabba 1,18; Ex rabba 25,11). Rabbi Yochanan, das berühmte Haupt der Akademie von Tiberias, der um das Jahr 279 starb, war ein Schüler von Rabbi Chanina dem Großen (vgl. Jer. Baba Metzia, Kap. 2 [Ende]; Bab. Nidda 20b) und von Rabbi Yannai (Baba Batra 154b, Yevamot 92b).
Der berühmte palästinische Homiletiker des 3. Jh., Rabbi Levi, ein Schüler oder Zeitgenosse von Rabbi Yochanan, übernahm dieselbe Metapher. Er erklärte, warum ein Knabe erst am achten Tag beschnitten wird: Es ist wie ein König, der in eine Provinz zog und eine Verordnung erließ mit dem Inhalt: »Keine Besucher, die hier sind, sollen mein Gesicht sehen, erst müssen sie das Gesicht meiner Gattin sehen.« Die Gattin ist der Sabbat. Da es nicht sieben aufeinanderfolgende Tage gibt ohne einen Sabbat, wird das Kind dem Sabbatbund ausgesetzt, bevor es in den Bund der Beschneidung aufgenommen wird (Lev rabba 27,10). In der folgenden Zeit überwog die zweite Vorstellung: Der Sabbat ist die Braut, und Gott ist wie ein Bräutigam. Der Sabbat ist die Vereinigung der Braut mit ihrem himmlischen Bräutigam. Rabbi David Abudracham, der um 1340 in Sevilla in Spanien lebte, sagte: Weil der Sabbat und die Gemeinde Israel die Braut sind und Gott der Bräutigam, beten wir: Gewähre uns, daß wir sein mögen wie Deine Braut und daß Deine Braut in Dir Ruhe finden möge, wie es heißt in Rut rabba: Eine Frau findet nirgends Ruhe als in ihrem Mann (Abudracham, Prag 1784, S. 44c; vgl. auch S. 45a). Der gemeinte Midrasch ist wahrscheinlich Rut rabba 1,15 bis 3,1 (vgl. Rabbi Moses ben Abraham Katz, Matte Moshe, Kap. 450). Auf diese Weise wird auch der Ausdruck »Braut« in Lechah Dodi gewöhnlich verstanden (vgl. das Zitat in Yessod ve-Shoresh ha-Aboda, Jerusalem 1940, S. 164; vgl. auch Tikkune Shabbat, Dyhernfurth 1692, S. 28). Der Sabbat ist ein Synonym für die Schechina, für die Gegenwart Gottes in der Welt (Zohar III, S. 257a; vgl. Bahir, Wilna 1912, S. 17c. Raschi, der klassische Kommentator, fürchtete, daß die weibliche Metapher zu Mißverständnissen führen könnte und ver-

Der Sabbat hat wie die Welt zwei Aspekte. Der Sabbat ist von Bedeutung für den Menschen und von Bedeutung für Gott. Er steht zu beiden in Beziehung und ist ein Zeichen des Bundes, den beide geschlossen haben. Was ist das Zeichen? Gott hat den Tag geheiligt, und der Mensch muß den Tag immer wieder heiligen, muß ihn erleuchten mit dem Licht seiner Seele. Der Sabbat ist durch Gottes Gnade heilig und bedarf dennoch aller Heiligkeit, die der Mensch ihm verleihen kann.

Der Sabbat ist für Gott von Bedeutung, denn ohne ihn gäbe es

suchte, jede wörtliche Bedeutung auszuschließen, indem er das Geschlecht oder das Objekt der Metapher veränderte, Rabbi Chanina, so sagte er, verhielt sich »wie jemand, der auszieht, einem König zu begegnen« (Baba Kama 32a). Oder: »Aus Liebe nennt er die *Feier* des Sabbats ›Königin‹« (Shabbat 119a)! Ähnlich Raschi, der feststellt, daß Rab Nahman bar Isaac den Sabbat willkommen hieß, »wie man seinen Lehrer willkommen heißt« (Shabbat 119a; vgl. auch Al Nakawa, Menorat ha Maor III, S. 586). Maimonides, Mishne Tora, Shabbat 30,2 verwendet gleichfalls den Ausdruck ›König‹.

Der Prophet Hosea war der erste, der die Vorstellung von romantischer Liebe und Ehe zur Beschreibung vom Verhältnis Gottes zu Israel benutzte. Für ihn ist Gott mit Seinem Volk vermählt und liebt es wie ein Mann seine Frau (3,1). Doch es war ein anderer Prophet, der als erster diese Beziehung mit der Liebe eines Bräutigams zu seiner Braut verglich: »Wie ein Bräutigam sich freut über die Braut, so wird sich dein Gott über dich freuen« (Jes 62,5). Rabbi Berakhia zählt zehn Schriftstellen auf, in denen Gott von Israel als von einer Braut spricht (Dtn rabba 2,26; Hld rabba 4,21; vgl. Pesikta de-Rab Kahana, ed. Buber, S. 147b).

Diese Vorstellung wurde zu einer Kraft in der Geschichte der jüdischen Innerlichkeit. Sie krönte das fromme Leben mit allerhöchster Poesie. Ihren Höhepunkt fand sie in der Interpretation des größten Liebesliedes, das die Menschheit je gekannt hat, des Liedes der Lieder, des Hohenliedes. Das Hohelied hatte nur noch eine Bedeutung: Es war ein Dialog zwischen Israel, der Braut Gottes, und ihrem Geliebten, eine Allegorie der Geschichte Israels vom Auszug aus Ägypten bis zu der Zeit, wenn der Messias kommt (vgl. dazu Salfeld, Das Hohelied Salomos bei den jüdischen Erklärern des Mittelalters, Berlin 1879; S. Liebermann, Yemenite Midrashim [hebr.], Jerusalem 1940, S. 12).

Das Ereignis vom Sinai wird als Verlobung Gottes mit Israel beschrieben (Dtn rabba 3,12). »Und Mose führte das Volk aus dem Lager heraus, Gott entgegen« (Ex 19,17). Rabbi Yose sagte: Der Herr kam vom Sinai (Dtn 33,2), »um Israel zu empfangen, wie ein Bräutigam hinauszieht, die Braut zu empfangen« (Mekhilta zu 19,17) (vgl. Ziegler, Die Königsgleichnisse des Midrasch, Breslau 1903, Kap. 10).

Es gibt jedoch einen entscheidenden Unterschied zwischen der Benutzung der Braut-Metapher bei den Rabbinen und dem Propheten. In der Verkündigung des Propheten wird Israel die Braut genannt, und die Initiative, die Aufmerksamkeit, ist auf seiten Gottes. In den Worten der Rabbinen ist nicht Israel, sondern der Sabbat die Braut, und die Initiative, die Aufmerksamkeit, muß vom Menschen kommen.

keine Heiligkeit in unserer Welt der Zeit. Wenn die Rabbinen alter Zeit über die Bedeutung des Verses »und am *siebten* Tag beendete Er Sein Werk«[5] sprachen, nahmen sie an, daß am siebten Tag ein Schöpfungsakt stattfand. Die Welt wäre nicht vollständig, wenn die sechs Tage im Sabbat nicht ihren Höhepunkt hätten. Geniba und die Rabbinen diskutierten darüber.[6] Geniba sagte: Man könnte es mit einem König vergleichen, der ein Brautgemacht zurüstete; er tünchte, malte und schmückte es; aber was fehlte dem Brautgemach? Eine Braut! So ist es mit dem Universum; was fehlte ihm noch? Der Sabbat. Die Rabbinen sagten: Stell dir einen König vor, der einen Ring machen ließ. Was fehlte ihm? Das Siegel. So ist es mit dem Universum. Was fehlte ihm? Der Sabbat.[7]

Der Sabbat ist eine Braut und die Sabbatfeier wie eine Hochzeit. »Wir lernen im Midrasch, daß der Sabbat einer Braut gleicht. Ebenso wie eine Braut lieblich, geschmückt und voll Wohlgeruchs ist, wenn sie zu ihrem Bräutigam kommt, so kommt der Sabbat zu Israel lieblich und duftend, wie geschrieben steht: ›Und am siebten Tag beendete Er Sein Werk und ruhte‹ (Ex 31,17); und unmittelbar danach lesen wir: ›Und Er gab Mose *kekalloto* [das Wort bedeutet, als Er aufhörte, aber es kann auch bedeuten] als seine Braut[8], um uns zu lehren, daß so wie eine Braut lieblich und geschmückt ist, auch der Sabbat lieblich und geschmückt ist; so wie der Bräutigam seine besten Kleider angezogen hat, so wie ein Mann alle Tage seines Hochzeitsfestes fröhlich ist, so ist der Mensch fröhlich am Sabbat. So wie der Bräutigam an seinem Hochzeitstag nicht arbeitet, so enthält sich der Mensch am Sabbattag von der Arbeit. Deshalb nannten die Weisen und die Heiligen alter Zeit den Sabbat eine Braut.

5 Vgl. oben S. 45.

6 Geniba war ein Zeitgenosse von Abba Arika, der 247 starb (vgl. Jer. Aboda Zara II, 42a).

7 Gen rabba 10,9.

8 Vgl. Ex rabba 41,6.

Die Sabbatgebete enthalten einen Hinweis darauf. Im Freitagabendgottesdienst sagen wir: ›Du hast den siebten Tag geheiligt‹, ein Hinweis, daß die Braut dem Bräutigam vermählt wird (›heiligen‹ bedeutet im Hebräischen auch ›vermählen‹). Im Morgengebet sprechen wir: Mose freute sich über die Gabe [des Sabbat], die ihm verliehen wurde; das entspricht der Freude des Bräutigams mit der Braut. In einem weiteren Gebet erwähnen wir ›die beiden Lämmer, das feine Mehl für ein Speisopfer, vermischt mit Öl, und den Trank‹, Hinweis auf Fleisch, Brot und Wein und das Öl, die zu einem Hochzeitsessen gebraucht werden. [In der letzten Stunde des Tages sagen wir] ›Du bist Einer‹, um auf die Erfüllung der Ehe hinzuweisen, durch die Braut und Bräutigam vereint werden.«[9]

Die Präsenz eines Tages

Was soll mit diesen Wendungen gefeiert werden? Es ist die Zeit, das abstrakteste aller Phänomene, das am wenigsten dinghafte. Wenn wir den Sabbat feiern, verehren wir also etwas, das wir nicht sehen. Wenn wir ihn Königin nennen oder Braut, so weisen

9 Al Nakawa, Menorat ha-Maor 2, S. 191. »Der Sabbat ist faktisch mit Israel verheiratet, und die Zeremonie am Sabbatabend ist wie eine Hochzeitszeremonie, wenn die Braut in die Kammer geführt wird. Der Sabbat wird auch Königin genannt, weil sie eine königliche Braut ist: Alle Israeliten sind Königssöhne. Aus diesem Grund pflegte Rabbi Chanina bei Sonnenuntergang am Sabbat zu rufen: Kommt, laßt uns hinausgehen und die Königin Sabbat willkommen heißen, denn es ist Sitte, daß der Bräutigam hinauszieht, die Braut zu begrüßen. Eine andere Sitte finden wir bei Rabbi Yannai. Er sagte nicht: Laßt uns hinausziehen, die Braut zu empfangen, sondern er blieb im Gegenteil zu Hause, und wenn sie kam, sagte er: Komm herein, Braut, komm herein. Geradeso wie die Braut nach der Zeremonie vom Haus ihres Vaters zum Haus ihres Gatten kommt« (Rabbi Samuel Edels [1555–1631], Baba Kama 32b).

wir damit nur auf die Tatsache hin, daß der Geist des Tages für uns eine Realität ist und nicht eine leere Zeitspanne, die wir nach unserem Gutdünken für Behaglichkeit und Entspannung reserviert haben.

Stellten sich die Rabbinen den Sabbat als einen Engel, als Geisterwesen vor?[1] Religiöses Denken kann sich nicht leisten, zuviel Phantasie zu entwickeln. Doch wenn man den siebten Tag in Metaphern beschrieb, bestand keine Gefahr, daß man ihn vergottete oder sich als Engel oder Geisterwesen vorstellte. Nichts steht zwischen Gott und Mensch, auch nicht ein Tag.

Wenn man vom Sabbat als einer Königin oder Braut spricht, so steht dahinter keine konkretisierbare Vorstellung. Der Metapher entsprach kein Bild im Geist des Menschen; sie wurde auch nie ein fest umrissener Begriff, aus dem man logische Konsequenzen ableiten oder den man zum Dogma erheben konnte, sie war kein Gegenstand des Glaubens. Der gleiche Rabbi Chanina, der den Sabbat als Königin feierte, zog bei anderer Gelegenheit den Vergleich mit einem König vor.[2]

Es wäre eine plumpe Vereinfachung, den alten Rabbinen zu unterstellen, daß sie versuchten, den Sabbat zu personifizieren, ein Bild dessen zu malen, was in ihrer Vorstellung war. Der Unterschied zwischen der Personifizierung der Zeit und ihrer Benennung als Königin oder Braut ist riesengroß; wenn wir vom

1 Die Falaschen haben tatsächlich den Sabbat personifiziert. Für sie ist der Sabbat Gottes Lieblingsengel, den alle anderen Engel anbeten und dem sie ein Lied singen; (vgl. L. Ginzberg, The Legends of the Jews V, S. 110. Zum allgemeinen Problem der Hypostasierung im Judentum vgl. P. Heinisch, Personifikationen und Hypostasen im Alten Testament und im Alten Orient, Münster 1921; W. Bousset, Die Religion des Judentums im späthellenistischen Zeitalter, Tübingen [4]1966, S. 342–357).

2 Rabbi Joshua ben Hanania sagte: Wenn ein Fest auf den Tag nach dem Sabbat fällt (beginnend am Samstagabend), müssen zwei Segenssprüche gesagt werden; einer, mit dem wir den Sabbat verabschieden *(habdala)*, und einer, mit dem wir das Fest begrüßen *(kiddush)*; zuerst muß man *habdala* sagen und dann *kiddush*. Rabbi Hanina erklärt den Grund für diese Reihenfolge: Die Stunde, mit der der Sabbat endet und das Fest anfängt, ist einem König zu vergleichen, der eine Stadt verläßt, und einem Statthalter, der in die Stadt einzieht; zuerst geleiten wir den König, und dann gehen wir hinaus, den Statthalter zu begrüßen (Pesachim 103a).

Universum sprechen, geben wir auch nicht vor, die genaue Anzahl aller Wesen zu zählen. Die Rabbinen waren nicht der Ansicht, daß der siebte Tag menschliche Züge trage, eine Gestalt oder ein Gesicht habe; ihre Gedanken führten nicht zu sichtbarer oder verbaler Ikonographie. Sie wagten selten mehr zu sagen als die beliebten Worte »Königin« oder »Braut«. Und das nicht, weil sie keine Phantasie gehabt hätten, sondern weil das, was sie dringend mitteilen wollten, mehr war, als der Geist sich vorstellen oder Worte aussagen konnten.

Für die meisten von uns erscheint eine Person, ein menschliches Wesen als der Höhepunkt des Seins, als der Gipfel der Realität; personifizieren ist für uns gleichbedeutend mit glorifizieren. Aber erkennen nicht doch einige zuweilen, daß eine Person kein Superlativ ist, daß geistliche Wirklichkeit personifizieren heißt, sie zu verkleinern? Eine Personifizierung kann beides sein, eine Verzerrung und eine Herabsetzung. Es gibt viele Personen auf der Welt, aber es gibt nur einen Sabbat.

Die Vorstellung vom Sabbat als Königin oder Braut ist keine Personifizierung des Sabbat, sondern die beispielhafte Darstellung einer göttlichen Eigenschaft, ein Zeichen für Gottes Bedürfnis nach der Liebe des Menschen; sie gehört nicht zum Wesen Gottes, sondern zu seinem Gegenwärtigsein, zu seiner Beziehung zum Menschen.

Diese Metapher stellt keinen Tatbestand fest; sie ist Ausdruck für einen Wert; sie faßt die Kostbarkeit des Sabbat als Sabbat in Worte. Observanz des siebten Tages ist mehr als eine Technik zur Erfüllung eines Gebotes. Der Sabbat ist die Gegenwart Gottes in der Welt, er liegt offen vor der Seele des Menschen. Die Seele kann mit Liebe darauf antworten, sie kann in die Gemeinschaft mit dem heiligen Tag eintreten.

Der siebte Tag umfaßte beides: Liebreiz und Majestät; er war Gegenstand der Ehrfurcht, Achtung und Liebe. Am Freitagabend, wenn der Sabbat im Begriff ist, die Welt ganz zu umspannen, verstummen Geist, Seele und Zunge vor Zittern und Freude. Was könnte man wohl sagen? Für den, der sich nicht an die Modeströmungen verloren hat, der sich das Gefühl für die Bedeutung der Sprache bewahrt hat, bezeichnen Worte wie »Königin« oder »Braut« Majestät, mit Huld und zarter Unschuld gepaart, die auf liebende Zuwendung wartet.

Israel hat die Vorstellung vom Sabbat als Braut bewahrt; es ist das Thema der Hymne *Lecha Dodi,* die in der Synagoge gesungen wird. Sogar der Segensspruch über dem Wein wurde mit dem Gedanken begründet: So wie die Hochzeitszeremonie über einem Glas Wein vollzogen wird, so ist der Sabbat »die Braut, die die *chupa* betritt«. Bis zum heutigen Tag heißt die Mahlzeit am Samstagabend »die Begleitung (Eskorte) der Königin«.

»Der Grund, warum die Observanz des Sabbat auf einen Teil der Samstagnacht ausdehnt, ist, daß man danken will und zeigen, daß man den heiligen Gast nur ungern scheiden sieht, daß sein Weggang ein tiefes Gefühl des Bedauerns hervorruft. Darum hält man ihn noch fest und begleitet ihn aus großer Liebe mit Gesang und Lobpreis . . ., wie es in einem Midrasch heißt: Das kann man mit einer Braut oder Königin vergleichen, die mit Gesang und Lobpreis begleitet wird.«[3]

Der Freitagabendgottesdienst heißt *kabbalat shabbat.* Was bedeutet das? Der Ausdruck *kabbalah* bezeichnet den Akt der Selbstverpflichtung. In diesem Sinn hat das Wort die Nebenbedeutung von Strenge und Zwang. Aber die Verbalform von *kabbalah* bedeutet auch: empfangen, willkommen heißen, grüßen.[4] In der ersten Bedeutung wird das Wort auf ein Gesetz bezogen, in der zweiten auf eine Person. Es erhebt sich die Frage, in welcher Bedeutung das Wort *kabbalah* im Zusammenhang mit dem Sabbat gebraucht wird.

Man hat behauptet, daß in der mittelalterlichen Literatur der

3 R. Meir Ibn Gabbai, Tolaʿat Jacob, Warschau 1876, S. 49 und auch S. 38; vgl. denselben Hinweis in ha-Manhig 70; Machsor Vitri, S. 116; Or Zarua, Zitomir 1862, II, S. 49b. Vielleicht ist die Sitte in der Stelle angedeutet, die in Anm. 2 dieses Kapitels zitiert ist.

4 Avot 1,15; 3,12.

Ausdruck *kabbalat shabbat* ausschließlich in der ersten Bedeutung gebraucht wird und bedeutet, daß man verpflichtet ist zu ruhen[5]; es ist der Aspekt der Enthaltung von Arbeit. Aber man kann beweisen, daß der Ausdruck in einer noch früheren Zeit im Sinne von den Sabbat grüßen oder willkommen heißen gebraucht wurde.[6] Was heißt nun der Ausdruck *kabbalat shabbat?*

Die Antwort lautet: Er bedeutet beides; er hat sowohl eine legalistische als auch eine spirituelle Bedeutung; beide sind nicht voneinander zu trennen. Die Auszeichnung des Sabbat spiegelt sich in der doppelten Bedeutung von *kabbalat shabbat;* es heißt sowohl seine Herrschaft akzeptieren als auch die Anwesenheit des Tages willkommen heißen. Der Sabbat ist Königin und Braut.

5 Halakhot Gedolot, S. 206; vgl. I. Mahrschen, Jeschurun, Berlin 1922, IX, S. 46; vgl. auch Or Zarua II, S. 9b.

6 »Wenn der Sabbat herannaht, empfangen wir ihn mit Lied und Gesang« (Midrasch Tehillim, ed. Buber, Kap. 92, S. 403). Die allgemein verbreitete Ansicht, daß der Willkommensgottesdienst für den Sabbat, einschließlich der Verlesung der Psalmen 95.96.97.98.99 und 29, zum ersten Mal gegen Ende des 16. Jh. von den Kabbalisten von Safet (Elbogen, Der Jüdische Gottesdienst, S. 108) eingerichtet wurde, darf bezweifelt werden. Bereits Al Nakawa, der in Spanien lebte und 1391 getötet wurde, erwähnt die Sitte, den 96. Psalm bei Ankunft des Sabbat zu sprechen; er spricht von *movaeh Shabbat* (ein Ausdruck, den ich aus keiner anderen Quelle kenne, er entspricht offenbar *motzaeh Shabbat* [vgl. Menorat ha-Maor II, S. 182]). Die Auswahl gerade dieser Psalmen läßt sich erklären mit dem Hinweis auf die Königsherrschaft Gottes in diesen Psalmen. Die Vorstellung vom Sabbat als einer Königin ist ein Hinweis auf die Königsherrschaft Gottes. Auch der Gesang im Musaf-Gottesdienst: »Die den Sabbat halten, die ihn eine Wonne nennen, sollen frohlocken in Deinem Königreich« (Siddur Saadia, S. 112) kann ein Hinweis auf die gleiche Vorstellung sein.

Teil 3

Die Ewigkeit setzt einen Tag

Sechs Tage der Woche ist der Geist allein, unbeachtet, verlassen, vergessen. Unter Arbeit und Mühen, geplagt von Sorgen, verstrickt in Ängste, hat der Mensch keinen Sinn für überirdische Schönheit. Aber der Geist wartet, daß der Mensch zu ihm kommt.

Dann naht der sechste Tag. Sorgen und Spannung weichen der Erregung, die einem großen Ereignis vorangeht. Der Sabbat ist noch nicht da, aber der Gedanke an sein baldiges Kommen erregt im Herzen leidenschaftlichen Eifer, bereit und würdig zu sein, ihn zu empfangen.

»Es obliegt jedem Menschen, mit größtem Eifer die Vorbereitungen für den Sabbat zu treffen, pünktlich und gewissenhaft wie ein Mann, der gehört hat, daß die Königin in seinem Hause einkehren will oder daß die Braut und ihr ganzer Anhang in sein Haus kommen. Was würde ein solcher Mann tun? Er würde sich sehr freuen und rufen: ›Welch große Ehre tun sie mir an, daß sie unter meinem Dach weilen wollen!‹ Er würde zu seinen Dienern sagen: ›Bringt das Haus in Ordnung, macht es sauber und hübsch und bereitet die Betten zu Ehren der Gäste; ich will gehen und Brot, Fleisch und Fisch kaufen – was immer ich zu ihren Ehren erwerben kann.‹ Ein solcher Mann wird selbst das Essen für den Sabbat vorbereiten, und hätte er tausend Diener.«

»Wer ist größer als der Sabbat, der Königin und Braut ist und den man köstlich nennt? Tausendmal mehr sollte der Hausherr selbst sich mit den Vorbereitungen befassen, mag er auch hundert Diener haben.«[1]

»So sah die Praxis von Rabbi Juda ben Ilai aus: Vor Sabbatanfang wurde ihm eine Schüssel mit heißem Wasser gebracht, und er wusch Gesicht, Hände und Füße, kleidete sich an und saß in leinenen Kleidern mit Fransen und war wie ein Engel des Herrn der Scharen.«[2]

»Wenn Rabbi Chanina der Alte am Freitagnachmittag aus dem Fluß kam (wo er ein Bad genommen hatte), weilte er gerne noch ein wenig am Ufer; und indem er seine Augen voll Freude erhob, pflegte er zu sagen, daß er hier sitze, um den frohmachenden Anblick der Engel des Himmels zu haben, die hinauf- und herabstiegen. Bei der Ankunft jedes Sabbat, sagte er, wird der Mensch in die Welt der Geister hinaufgehoben. Glücklich, wer die Wunder des Herrn erkennt!«[3]

Wenn alle Arbeit ruht, werden die Kerzen angezündet. So wie die Schöpfung mit den Worten »Es werde Licht!« begann, so beginnt auch die Feier der Schöpfung mit dem Entzünden der Lichter. Die Hausfrau ist es, die die Freude hereinbringt und das erlesenste Symbol, das Licht, aufstellt, das die Atmosphäre des Hauses beherrschen soll.

Und die Welt wird ein Ort der Ruhe. Eine Stunde naht und führt unseren Geist über die gewohnten Gedanken hinaus. Menschen kommen zusammen, um das Wunder des siebten Tages zu begrüßen, während der Sabbat seine Gegenwart über die Felder, in unsere Häuser, in unsere Herzen sendet. Das ist der Augenblick, in dem der schlafende Geist in unserer Seele aufersteht.

Erfrischt und ermuntert, in festliche Gewänder gekleidet,

1 Sefer Hasidim, vulgata, § 54

2 Shabbat 25b. Einigen Kabbalisten zufolge, ist der Grund für das Waschen der Hände und Füße vor Sabbatanfang, daß wir wie die Priester im Tempel zu Jerusalem sind, die diese zeremonielle Waschung der Hände und Füße ausführen mußten, bevor sie den heiligen Dienst versahen.

3 Zohar III, S. 136b. Zitate in diesem Kapitel sind aus dem Freitagabendgottesdienst mit Ausnahme des Zitats aus Hld 8,6f.

während die Kerzenflammen träumerisch aufsteigen und unaussprechliche Erwartungen und intuitive Erkenntnis der Ewigkeit wecken – da sind manche von uns von dem Gefühl überwältigt, daß fast alles, was sie zu sagen vermöchten, wie ein Schleier wäre. Unsere Seele besitzt nicht genug Größe, um in Worten den Knoten von Zeit und Ewigkeit entwirren zu können. Man möchte singen – für alle Menschen, alle Generationen. Manche singen das größte aller Lieder: das Lied der Lieder, das Hohelied. Welche seit uralten Zeiten geübte Hingabe, welch ein überströmendes Gefühl ist in ihrem Gesang! Es ist ein Gesang der Liebe zu Gott, ein Lied von Leidenschaft und Heimweh, von zarter Gegenseitigkeit.

> Lege mich wie ein Siegel auf dein Herz,
> wie ein Siegel auf deinen Arm;
> denn Liebe ist stark wie der Tod,
> Eifersucht ist grausam wie das Grab:
> Ihre Kohlen sind feurig,
> eine sehr gewaltige Flamme.
> Große Wasser können die Liebe nicht löschen,
> Fluten sie nicht ertränken;
> wenn ein Mann alles Gut seines Hauses für Liebe hingäbe,
> so gälte es alles nichts [Hld 8,6–7].

Ein Gedanke hat den Markt der Eitelkeiten hinweggeblasen. Ein Lied ist im Wind und Freude in den Bäumen. Der Sabbat erscheint in der Welt und läßt in der nächtlichen Stille ein Lied erklingen: Die Ewigkeit setzt einen Tag. Wo sind die Worte, die es mit einer solchen Macht aufnehmen könnten?

> Die Stimme des Herrn ist über den Wassern ...
> die Stimme des Herrn erschallt mit Macht;
> die Stimme des Herrn ist voller Majestät ...
> und entblättert die Wälder:
> Und in Seinem Tempel ruft alles: »Ehre!«
> [Ps 29,3a; 4,9b].

Komm, Geliebter, der Braut entgegen!
Laß uns ausziehen und den Sabbat willkommen heißen!

Zion liegt in Trümmern, Jerusalem liegt im Staub. Die ganze Woche über gibt es nur die Hoffnung auf Erlösung. Aber wenn der Sabbat die Welt betritt, wird der Mensch von einem Augenblick realer Erlösung berührt, so als ob für einen Augenblick der Geist des Messias über das Antlitz der Erde wehte.

Heiligtum des Königs, Residenzstadt,
auf, erhebe dich!
Komm heraus aus deinen Ruinen!
Lange genug hast du im Tal der Tränen geweilt ...
Schüttle den Staub ab, erhebe dich!
Zieh deine Prachtgewänder an, mein Volk ...
Du wirst nicht beschämt sein noch erröten.
Warum bist du niedergebeugt?
Warum klagst du?
Die Armen meines Volkes werden in dir
Schutz finden;
die Stadt wird wiedererbaut werden
an alter Stätte ...
Euer Gott wird sich euer freuen,
wie ein Bräutigam sich seiner Braut freut.

Vor der letzten Strophe erhebt sich die versammelte Gemeinde und wendet sich nach Westen als Zeichen des Willkommens für den unsichtbaren Gast. Alle beugen den Kopf zum Gruß.

Kehre ein in Frieden, Krone des Herrn,
komm mit Freude und Frohlocken
inmitten des treuen auserwählten Volkes ...
Komm, Geliebter, der Braut entgegen.

Der Sabbat kommt wie eine Liebkosung, wischt Furcht, Sorge und dunkle Erinnerungen weg. Es ist bereits Nacht, wenn die Freude beginnt, wenn eine Überfülle von Seligkeit unseren sterblichen Leib erfüllt.

> Wir wissen nicht, wie wir danken und sprechen sollen:
> In Weisheit öffnest Du die Tore des Himmels ...
> du änderst die Zeiten ...
> du läßt die Finsternis vor dem Licht weichen ...
> du unterscheidest zwischen Tag und Nacht.

Aber es gibt noch etwas Größeres als das Wunder dieser Welt: den Geist. Wir spüren Seine Weisheit in Seiner Welt; in Seinem Geist sehen wir Seine Liebe.

> Mit ewiger Liebe liebst Du Dein Volk, das Haus Israel.
> Tora, Gebote, Satzungen und Rechte
> hast Du uns gelehrt ...
> Deine Liebe laß nicht von uns weichen in Ewigkeit.

Dann hören wir wieder die Worte des Mose, die uns ermahnen, wie man lernt, der Liebe Gottes zu entsprechen.

> Du sollst lieben den Herrn, deinen Gott,
> von ganzem Herzen, mit ganzer Seele
> und aus aller deiner Kraft [Dtn 6,5].

Dann lesen wir die Worte Gottes:

> Gedenket daran, daß ihr alle Gebote
> des Herrn befolgt und nicht dem Begehren
> eures Herzens und eurer Augen nachgebt,
> denn sie führen euch in die Irre.
> Ich bin der Herr, euer Gott,
> der euch aus Ägypten heraufgeführt hat,
> euer Gott zu sein;
> Ich bin der Herr, euer Gott.

Und die Antwort lautet:

> Wahrhaftig und gewiß ist dies alles;
> Er ist der Herr, unser Gott, keiner sonst,
> und wir, Israel, sind Sein Volk.

Hätten wir nur Geist genug, Seine Herrschaft zu begreifen, in Seinem Reich zu leben. Aber unser Wille ist schwach und unser Geist zwiespältig.

Breite aus über uns Deinen schützenden Frieden,
führe uns recht durch Deinen guten Rat . . .
Rette uns um Deines Namens willen.

Gedanken zum Thema ›Ewigkeit‹

Es ist ein alter Gedanke, daß der Sabbat und die Ewigkeit eins sind – oder gleichen Wesens.[1] Eine Legende erzählt, daß »Gott zu den Kindern Israel sprach, als Er ihnen die Tora gab: ›Meine Kinder! Wenn ihr die Tora annehmt und Meine Gebote befolgt, will Ich euch auf ewig etwas höchst Kostbares geben, das Ich besitze.‹
– ›Und was‹, fragte Israel, ›ist diese Kostbarkeit, die Du uns geben willst, wenn wir Deine Tora befolgen?‹
– ›Die zukünftige Welt!‹
– ›Zeige uns in dieser Welt ein Beispiel für die zukünftige!‹
– ›Der Sabbat ist ein Bild der zukünftigen Welt.‹«[2]

Eine uralte Tradition erklärt: »Das Kennzeichen der zukünftigen Welt ist von der gleichen Heiligkeit, wie sie der Sabbat in dieser Welt besitzt . . . Der Sabbat besitzt eine Heiligkeit, die jener der zukünftigen Welt gleicht.«[3]

Rabbi Akiba, der Lehrer von Rabbi Shimeon ben Yochai, äußerte den gleichen Gedanken. »Es gab ein besonderes Lied für jeden Tag der Woche, das die Leviten im Tempel zu Jerusalem zu singen pflegten. Am ersten Tag sangen sie ›Die Erde ist des Herrn‹; am zweiten Tag ›Groß ist der Herr‹; und so fort. Am Sab-

1 »Der siebte Tag ist das Zeichen der Auferstehung und der zukünftigen Welt«, deshalb soll man an dem Tag nicht trauern (Vita Adae et Evae 41,1; The Apocrypha and Pseudepigrapha, ed. Charles II, S. 151. Laut L. Ginzberg, The Book of Adam, Jewish Encyclopedia ist das Buch rein jüdischen Ursprungs).

2 Alphabet des R. Akiba, Otzar Midrashim, S. 407; vgl. auch S. 430; vgl. ebenso den Midrasch, zitiert in Kad ha-Qemah, Shabbat, Ende.

3 Mekhilta zu Ex 31,17.

bat sangen sie den Psalm ›Ein Lied für den Sabbattag‹, einen Psalm, ein Lied für die zukünftige Zeit, für den Tag, der ganz und gar Sabbat und Ruhe im ewigen Leben sein wird.«[4]

Wie ist der Tag beschaffen, der ganz und gar Sabbat ist? Es ist eine Zeit, in der »es weder Essen noch Trinken noch weltliche Geschäfte gibt; aber die Gerechten sitzen auf Thronen, mit Kronen auf dem Haupt und freuen sich des Glanzes der *Schechina* (der Gegenwart Gottes).«[5]

Nach Aussage des Talmud ist der Sabbat *me'en 'olam ha-ba,* das heißt, etwas wie die Ewigkeit oder die zukünftige Welt. Dieser Gedanke, daß wir ein Siebtel unseres Lebens als Paradies erfahren können, ist für die Heiden ein Ärgernis und für die Juden eine Offenbarung. Und doch hat der Sabbat für Rabbi Hayim von Krasne mehr als ein Stückchen Ewigkeit. Für ihn ist der Sabbat die Quelle *(mayan)* der Ewigkeit, der Brunnen, von dem der Himmel oder das Leben der zukünftigen Welt ihren Ausgang nehmen.

»Wenn man nicht lernt, den Sabbat zu schmecken, solange man in dieser Welt lebt, wenn man nicht lernt, die Ewigkeit zu lieben, wird man den Geschmack der Ewigkeit in der zukünftigen Welt nicht genießen können. Traurig ist das Los dessen, der unerfahren dort ankommt und nicht die Fähigkeit besitzt, die Schönheit des Sabbat wahrzunehmen, wenn er zum Himmel geführt wird . . .«[6]

Die jüdische Tradition gibt uns keine Definition des Begriffs ›Ewigkeit‹; sie sagt uns, wie wir Ewigkeit oder ewiges Leben in der Zeit erfahren können. Ewiges Leben wächst nicht fern von uns; es ist »in uns eingepflanzt«[7] und wächst über uns hinaus.

4 Mishna Tamid (Ende). Vgl. Rosh Hashana 31a, wo diese Mischna Rabbi Akiba zugeschrieben wird.

5 Avot de-Rabbi Natan, Kap. 1, wo sich die letzte Stelle findet. Die Beschreibung der zukünftigen Welt ist auch überliefert im Namen von Rab (Berachot 17a; vgl. auch Midrash Tehillim, Kap. 92, ed. Buber, S. 201a).

6 Rabbi Solomon von Karlin.

7 Vgl. oben S. 61.

Die zukünftige Welt ist daher nicht nur ein Zustand nach dem Tode, der für die Seele anbricht, nachdem sie den Körper verlassen hat. Das Wesen der zukünftigen Welt ist ewiger Sabbat, und der siebte Tag in der Zeit ist eine Probe der Ewigkeit.[8] Der siebte Tag hat die Atmosphäre des siebten Himmels und wurde als Vorgeschmack der zukünftigen Welt gegeben; *ot hi le-ʿolam*, ein Symbol der Ewigkeit.[9]

Man erzählt sich die Geschichte eines Rabbi, der einst im Traum in den Himmel kam. Es wurde ihm gestattet, sich dem Tempel des Paradieses zu nähern, wo die großen Weisen des Talmuds, die Tannaiten, saßen und Talmud studierten. Der Rabbi war enttäuscht und fragte: »Ist dies das ganze Paradies?« Da hörte er plötzlich eine Stimme: »Du irrst. Die Tannaiten sind nicht im Paradies. Das Paradies ist in den Tannaiten.«

Die Philosophie könnte viel von der Bibel lernen. Für den Philosophen ist die Idee des Guten die höchste Idee. Für die Bibel aber ist das Gute nur das Vorletzte; ohne das Heilige kann es nicht bestehen. Das Gute ist die Basis, das Heilige der Gipfel. Die Dinge, die Gott an den sechs Tagen erschaffen hat, hielt Er für *gut;* den siebten Tag machte Er *heilig.*

Jüdische Frömmigkeit sieht den letzten Zwiespalt des Menschen nicht in dem Gegensatz von Geist und Materie, sondern in dem von heilig und profan. Zu lange kennen wir das Profane; wir haben uns daran gewöhnt zu denken, daß die Seele ein Automat ist. Das Sabbatgebot versucht, Körper und Geist auf die Dimension des Heiligen zu lenken. Es versucht, uns zu lehren, daß der

8 Am Sabbat sagt man am Ende des Tischgebets das Gebet: »Möge der Allbarmherzige *uns* den Tag *ererben lassen,* der ganz und gar Sabbat sein wird, und uns ruhen lassen im ewigen Leben.« Sorge um das ewige Leben wird in der täglichen Liturgie nicht zum Ausdruck gebracht (vgl. Kuzari III, S. 20). Doch im zentralen Gebet für den Sabbat (der Amida), das viermal gelesen wird, lesen wir den Satz: »Herr, unser Gott, laß uns Deinen heiligen Sabbat ererben«. Das ist vielleicht ein Hinweis auf den Sabbat als Synonym für das zukünftige Leben, da der irdische Sabbat natürlich bereits im Besitz des Menschen ist.

9 Rabbi Elija De Vidas, Reshit Chokma, Shaʿar ha-qedusha, Kap. 2.

Mensch nicht nur in Beziehung zur Natur steht, sondern auch in Beziehung zum Schöpfer der Natur.

Was ist der Sabbat? Geist in der Gestalt der Zeit. Mit unserem Körper gehören wir dem Raum an; unser Geist, unsere Seele heben sich zur Ewigkeit empor, streben nach den Heiligen. Der Sabbat ist ein Aufstieg zum Gipfel. Er gibt uns Gelegenheit, die Zeit zu heiligen, das Gute auf die Ebene des Heiligen zu heben, das Heilige zu schauen, indem man sich vom Profanen fernhält.

Geist in Gestalt der Zeit, Ewigkeit, ist in der Tat für alle die absurd, die glauben, daß der Geist nur eine Idee in den Köpfen der Menschen ist oder daß Gott ein Ding neben anderen ist. Wer aber erkennt, daß Gott zumindest so groß ist wie das bekannte Universum, daß der Geist ein nie endender Prozeß ist, an dem wir demütigen Anteil haben, der wird verstehen und erfahren, was es heißt, daß der Geist in bestimmten Augenblicken der Zeit offenbar wird. Man muß vom Wunder der Zeit überwältigt sein, damit man bereit ist, die Gegenwart der Ewigkeit in einem einzigen Augenblick wahrzunehmen. Man muß leben und handeln, als ob das Schicksal der ganzen Zeit von einem einzigen Augenblick abhinge.

Wir denken meist, daß die Erde unsere Mutter ist, daß Zeit Geld ist und der Profit unser Partner. Der siebte Tag erinnert uns, daß Gott unser Vater ist, daß Zeit Leben und der Geist unser Partner ist.

Es gibt eine Welt der Dinge und eine Welt des Geistes. Der Sabbat ist ein geistiger Mikrokosmos, so, als vereine er in sich alle Elemente des geistigen Makrokosmos.

Ebenso wie die physische Welt ihre Existenz nicht der Macht des Menschen verdankt – sie ist einfach da –, so verdankt der Geist seine Existenz nicht dem Menschengeist. Der Sabbat ist nicht von des Menschen Gnaden heilig. Gott war es, der den siebten Tag heiligte.

In der Sprache der Bibel entstand die Welt in den sechs Tagen der Schöpfung, aber ihr Weiterleben hängt von der Heiligkeit des siebten Tages ab. Die Gesetze, die die Naturvorgänge beherrschen, sind groß. Doch ohne Heiligkeit gäbe es weder Größe noch Natur.

Heiligkeit in der Zeit

Heiligkeit im Raum, in der Natur, kannte man auch in anderen Religionen. Das Neue in der Lehre des Judentums war, daß die Idee der Heiligkeit schrittweise vom Raum auf die Zeit verlagert wurde, aus dem Reich der Natur ins Reich der Geschichte, von den Dingen auf Ereignisse. Die physische Welt wurde jeglicher angeborenen Heiligkeit entkleidet.[1] Es gab von jetzt an nicht mehr Pflanzen oder Tiere, die von Natur heilig waren. Um heilig zu sein, mußte ein Gegenstand durch einen bewußten Akt des Menschen geweiht werden. Der Charakter der Heiligkeit wohnt nicht der Struktur der Materie inne. Er ist ein Wert, der den Dingen durch Konsekration verliehen wird und der nur in Beziehung zu Gott besteht.

Die Betonung der Zeit ist ein hervorstechender Zug im Denken der Propheten. »Der Tag des Herrn« ist den Propheten wichtiger als »das Haus des Herrn«.

Die Menschheit ist gespalten in Völker und Staaten. Eine bestimmte Zeit – das messianische Ende der Tage – wird dem Menschen zurückgegeben, was ein Ding im Raum, nämlich der Turm zu Babel, ihm genommen hat. Die Vision des Tages des Messias hat die Hoffnung auf Wiederherstellung der Einheit aller Menschen wiedergebracht.[2]

In den Zehn Geboten wird kein heiliger Ort erwähnt. Im Gegenteil, nach dem Ereignis vom Sinai wurde Mose gesagt: »An jedem Ort, wo Ich Meinen Namen nennen lasse, will Ich zu dir

1 Der Ausdruck ›Heiliger Frühling‹ (*he-Aviv ha Qadosh*), der Titel eines 1947 in Tel Aviv veröffentlichten Buches ist, dürfte ein grober geistiger Anachronismus sein.

2 Hermann Cohen, Jüdische Schriften, Berlin 1924, I, S. 325.

kommen und dich segnen« (Ex 20,24). Das Bewußtsein, daß Heiligkeit nicht an einen besonderen Ort gebunden ist, machte die Entstehung der Synagoge möglich. Der Tempel war nur in Jerusalem, doch Synagogen gab es in jedem Dorf. Es gibt feste Zeiten für das Gebet, aber keine festen Orte.

In der Bibel ist kein Ding, kein Ort auf Erden in sich selber heilig. Selbst die Stelle, an der das einzige Heiligtum im verheißenen Land gebaut werden sollte, wird im Pentateuch niemals »heilig« genannt; sie war zur Zeit des Mose nicht bestimmt oder genau festgelegt. Mehr als zwanzigmal wird darauf hingewiesen als »Ort, den der Herr, euer Gott, *erwählen wird*«.[3]

Generationenlang war die Stelle unbekannt. Aber König David hatte den Wunsch, dem Herrn einen Tempel zu bauen. »Und es geschah, als der König in seinem Hause weilte und der Herr ihm Ruhe gegeben hatte von allen seinen Feinden ringsumher, daß der König zu dem Propheten Nathan sprach: ›Siehe, ich wohne in einem Palast aus Zedernholz, aber die Lade Gottes weilt unter Teppichen‹«.[4]

Der Psalmist singt von Davids Eifer:

> Gedenke, Herr, an David und all sein Leiden,
> der dem Herrn schwur
> und gelobte dem Mächtigen Jakobs:
> »Ich will nicht in die Hütte meines Hauses gehen
> noch mich aufs Lager meines Bettes legen,
> ich will meine Augen nicht schlafen lassen
> noch meine Augenlider schlummern,
> bis ich eine Stätte finde für den Herrn,
> zur Wohnung dem Mächtigen Jakobs . . .«[5]

Als Antwort auf Davids Gebet wurde die Stelle für den Tempel bekannt gemacht:

3 Dtn 12,5.11.14.18.21.26; 14,23.24.25; 15,20; 16,2.6.7.11.15.16; 17,8.10; 23,17; 31,11.
4 2Sam 7,1f.
5 Ps 132,1–5.

Denn der Herr hat Zion erwählt
und hat es zu Seiner Wohnung auserkoren:
»Dies ist meine Ruhestatt ewiglich,
hier will Ich wohnen; denn es gefällt mir wohl«.[6]

Der Ort wurde gewählt, nicht weil er irgendwelche übernatürliche Eigenschaften gehabt hätte, die von Anbeginn in seiner Erde ruhten, sondern weil der Mensch darum betete und Gott es so wollte.[7]

Der Tempel wurde zum heiligen Ort, aber seine Heiligkeit war nicht selbstgeschaffen. Er wurde zwar heilig, aber das Paradox einer Heiligkeit im Raum wurde von den Propheten empfunden.

Die Frommen in Israel sangen:

Laßt uns gehen zu Seiner Wohnung;
laßt uns anbeten am Schemel Seiner Füße.[8]

Aber der Prophet verkündete:

So spricht der Herr:
»Der Himmel ist Mein Thron
und die Erde der Schemel Meiner Füße.
Wo wäre das Haus, das ihr Mir bauen könntet?
Und welches wäre die Stätte,
da Ich wohnen könnte?«[9]

Wenn Gott überall ist, kann Er nicht nur an einem einzigen Ort sein. Wenn Gott alle Dinge gemacht hat, wie kann der Mensch etwas für Ihn machen?[10] In der Sabbatliturgie sprechen wir bis zum heutigen Tag:

Seine Ehre erfüllt den Erdkreis.
Seine Engel fragen einander:
»Wo ist der Ort Seiner Ehre?«

6 Ps 132,13.14.

7 Die spätere rabbinische Tradition behauptete, daß an der Stelle, wo der Tempel errichtet war, mehrere wichtige Ereignisse stattgefunden haben (vgl. Maimonides, Mishne Tora, Bet ha-Behira 2,2). Aber es gibt keinen Hinweis auf diese Ereignisse im biblischen Bericht (vgl. Buber, Ben Am le-Artzo [hebr.], Jerusalem 1945, S. 2).

8 Ps 132,7.

9 Jes 66,1.

10 Vgl. Jes 66,2.

Die alten Rabbinen unterscheiden drei Arten von Heiligkeit: die Heiligkeit des Gottesnamens, die Heiligkeit des Sabbat und die Heiligkeit Israels.[11] Die Heiligkeit des Sabbat kam vor der Heiligkeit Israels.[12] Die Heiligkeit des Landes Israel wird von der Heiligkeit des Volkes Israel abgeleitet.[13] Das Land war zur Zeit des Terach oder selbst zur Zeit der Erzväter nicht heilig. Es wurde durch das Volk geheiligt, als es unter der Führung Josuas ins Land kam, und der Sabbat wurde von Gott geheiligt. Die Heiligkeit des Sabbat ist eine andere als die der Feste. Die Heiligkeit der Feste hängt vom Tun des Menschen ab. Der Mensch setzt den Kalender fest und bestimmt so, auf welchen Tag der Woche ein Fest fällt. Wenn das Volk versäumen sollte, den Anfang des neuen Monats festzustellen, würde kein Passafest gefeiert. Ganz anders beim Sabbat. Selbst wenn der Mensch den Sabbat verrät, bleibt dessen Heiligkeit bestehen.[14] Dennoch stehen all diese Aspekte der Heiligkeit in geheimnisvoller Wechselbeziehung.[15]

Das Gefühl für die Heiligkeit der Zeit drückt sich in der Art und Weise aus, in der der Sabbat gefeiert wird. Um den siebten Tag zu halten, ist kein ritueller Gegenstand nötig, anders als bei

11 Yalkut Shimoni I,830; vgl. den Midrasch, der in Tosafot Chagiga 3b zitiert ist.

12 Aus diesem Grund schließen wir den Haftora-Segen an Festtagen mit den Worten: »der Du Israel und die Zeiten geheiligt hast«; am Sabbat dagegen schließen wir: »der Du den Sabbat geheiligt hast« – »weil der Sabbat Israel vorausging«; er entstand bei der Erschaffung der Welt (Soferim 13,14).

13 Vgl. Mekhilta zu 12,1; Eduyot 8,6; Mishne Tora, Terumot 1,5; Tosafot Zebachim 62a.

14 »Und Mose teilte den Kindern Israel die Feste des Herrn mit« (Lev 23,44). »Nur die Feste müssen von *Bet Din* (den rabbinischen Räten, die festsetzen müssen, an welchem Tag ein Neumond ist, wann der neue Monat anfängt und auf diese Weise festlegen, an welchem Tag ein Fest stattfindet) festgelegt werden, nicht der Sabbat« (Nedarim 78b; vgl. Mekhilta zu 31,15).

15 Ein Midrasch erklärt kühn: »Die Heiligkeit Gottes, die Heiligkeit des Sabbat und die Heiligkeit Israels, alle diese sind wie eine« (Seder Eliyahu Rabba, ed. M. Friedman, Wien 1902, S. 133). Yalkut Shimoni I,833 liest: »der Name Gottes«. Es ist vielleicht eine Anspielung auf Jes 6,3. Die Heiligkeit des Sabbattages wurde so tief empfunden, daß die Bibel für die Nichtbeachtung seiner Gesetze nur ein Wort hatte: *hilel*. *Hilel* heißt beflekken, entweihen, das Heilige profanieren. Es ist ein Ausdruck für Entweihung, Schändung (vgl. Ex 31,14; Jes 56,2.6; Ez 20,13.16.21.24; 22,8; 23,38; Neh 13,17.18.

den anderen Festen, wo solche Dinge für die Observanz wesentlich sind, wie z.B. ungesäuertes Brot, Schofar, Lulab und Etrog oder der Toraschrein.[16] Am Sabbat verzichtet man sogar auf die Gebetsriemen, das Symbol des Bundes, die an allen Wochentagen getragen werden. Symbole sind überflüssig, der Sabbat ist selbst Symbol.

»Der Sabbat ist ganz und gar heilig.«[17] Man braucht nichts als eine Seele, um mehr Seelenkräfte zu empfangen. Denn der Sabbat »erhält alle Seelen«.[18] Er *ist* die Welt der Seelen: Geist in Gestalt der Zeit. Alle Weisen sind sich darin einig, so sagt uns der Talmud, daß das erste Wochenfest, an dem die Tora gegeben wurde, auf einen Sabbat fiel.[19] Es war in der Tat der einzige Tag, an dem das Wort Gottes den Menschen hätte gegeben werden können.

An jedem siebten Tag geschieht ein Wunder: die Auferstehung der Seele, der Seele des Menschen und der Seele aller Dinge. Ein Weiser des Mittelalters erklärt: Die an sechs Tagen geschaffene Welt war eine Welt ohne Seele. Am siebten Tag erhielt die Welt eine Seele. Darum heißt es: »Und am siebten Tag ruhte Er *vayyinnafash*« (Ex 31,17); *nefesh* bedeutet Seele.[20]

Du sollst begehren

Die Heiligkeit des auserwählten Tages ist nicht etwas, das man nur anschauen dürfte und von dem man in Demut Abstand hal-

16 Ein ritueller Gegenstand dient keinem anderen Zweck als einem rituellen. Der Wein und das Brot, über denen die Heiligung des Tages gesprochen wird, sind weder sakramentale noch rituelle Gegenstände.

17 Num rabba 14,5.

18 Bahir, ed. Wilna 1913, S. 7a.

19 Vgl. Shabbat 86b.

20 Rabbi Solomon ben Abraham Adret von Barcelona (1235–1310) in: En Ya'akob, Taanit, S. 27b. Der Gedanke ist impliziert in Bahir, ed. Wilna 1913, S. 7a.15b; vgl. den Kommentar des Rabbi Moshe Alsheikh zu Gen 2,7.

ten müßte. Der Tag ist nicht *abgesehen* von uns heilig, er ist heilig *für* uns. »Daher sollt ihr den Sabbat halten, denn er ist heilig für euch« (Ex 31,14). »Der Sabbat gibt Israel zusätzliche Heiligkeit«.[1]

Was der Sabbat dem Menschen gibt, ist etwas Reales, etwas, das man wahrnehmen kann, ein Licht sozusagen, das von innen her leuchtet, das sein Antlitz erhellt. »Gott segnete den siebten Tag« (Gen 2,3): »Er segnete ihn mit dem Licht im Antlitz eines Menschen. Das Licht auf dem Gesicht eines Menschen in der Woche ist nicht dasselbe wie am Sabbat.«[2] Diese Beobachtung machte Rabbi Shimeon ben Yochai.[3]

Am Sabbat geschieht etwas mit dem Menschen. Am Abend des Sabbats gibt der Herr dem Menschen *neshama yetera,* und am Ende des Sabbats nimmt Er sie wieder von ihm, sagt Rabbi Shimeon ben Laqish.[4]

Neshama yetera bedeutet einen zusätzlichen Geist; allgemein wird der Ausdruck mit »zusätzliche Seele« wiedergegeben. Aber was bedeutet er genau?

Einige Weise hielten den Ausdruck *neshama yetera* für eine bildliche Redeweise, die vermehrte Spiritualität oder Wohlbefinden bedeutet.[5] Andere meinten, daß eine wirkliche spirituelle Wesen-

1 Mekhilta zu 31,14.

2 Gen rabba 11,2.

3 Vgl. Mekhilta zu 20,11.

4 Beza 16a; Ta'anit 27b. Der Autor dieses Ausspruchs ist Rabbi Shimeon ben Laqish, der im 3. Jh. lebte.

5 Raschi, der klassische Kommentator des 11. Jh., gibt eine psychologische Interpretation. Für ihn ist es »die größere Empfänglichkeit der Seele für Ruhe, Freude und den Genuß des Essens wie auch das Fehlen jeden Gefühls des Widerwillens« (Beza 16a; vgl. seine Bemerkung zu Ta'anit 27b). Der Text von Rabbenu Hananel in Beza 16a ist offensichtlich verdorben. Eine mehr metaphysische Auffassung vertritt Ibn Ezra, der rationalistische Zeitgenosse von Raschi; er behauptet, daß am siebten Tag die Seele faktisch eine größere Erkenntnisfähigkeit entwickelt (vgl. seinen Kommentar zu Gen 2,3). Eine ähnliche Ansicht findet sich bei Rabbi Menahem Meiri (Book of Repentance [hebr.], ed. A. Schreiber, New York 1950, S. 531). Selbst der große Mystiker Nahmanides ist dagegen, die Vorstellung von der »zusätzlichen Seele« wörtlich zu nehmen (vgl. seinen Kommentar zu Gen 2,2); ebenso Rabbi Menashe ben Israel (Nishmat Hayim, Amsterdam 1652, S. 53b). Der italienische Exeget, Arzt und Philosoph Rabbi Obadiah Sforno (1475–1550) beschreibt die »zusätzliche Seele« als die verstärkte Fähigkeit des Menschen, das

heit, eine zweite Seele, am siebten Tag im Körper des Menschen Gestalt annimmt. »Der Mensch erhält an diesem Tag eine zusätzliche erhabene Seele, eine ganz vollkommene Seele, die der zukünftigen Welt entspricht.«[6] Es ist der »heilige Geist, der auf dem Menschen ruht und ihn mit einer Krone schmückt, die wie die Krone der Engel ist«; jeder Mensch erhält sie entsprechend seinen Fähigkeiten.[7]

Für ein spirituelles Ziel, so meint der Zohar, verlassen die erhabenen Seelen die himmlischen Sphären, um für einen Tag in das Leben sterblicher Menschen einzutreten. Am Ende eines jeden Sabbat kehren die erhabenen Seelen in ihre Sphäre zurück und versammeln sich vor dem Heiligen, dem König. Dann fragt der Heilige alle Seelen: Welche neuen Erkenntnisse in der Weisheit der Tora habt ihr während eures Aufenthaltes in der unteren Welt erlangt? Glücklich die Seele, die vor Gott eine Erkenntnis nennen kann, die der Mensch am siebten Tag gewonnen hat.[8] Ja, wie beschämt muß die Seele sein, die in der Gegenwart Gottes stumm bleiben muß und nichts zu berichten hat!

Einer alten Legende zufolge war das Licht, das am Anfang der Schöpfung geschaffen wurde, nicht das gleiche wie das von Sonne, Mond und Sternen. Das Licht des ersten Tages war von der Art, daß es dem Menschen ermöglicht hätte, die ganze Welt von einem Ende bis zum anderen mit einem einzigen Blick zu sehen. Da der Mensch nicht wert war, den Segen eines solchen Lichtes zu genießen, verbarg es Gott; aber in der zukünftigen Welt wird es den

zu erreichen, was Gott gewollt hat, als Er sprach: »Laßt uns den Menschen machen nach unserem Bild, unserem Gleichnis« (Kommentar zu Ex 31,17; vgl. auch Meyer Waxman in: Sefer Hashana VIII-IX, New York 1947, S. 210f).

6 Zohar II, S. 88b.

7 Zohar Chadash, Genesis, S. 17b; Zohar III, S. 242b. Ein Gelehrter des 13. Jahrhunderts, Rabbi Zedakia ben Abraham Anan von Rom, sagt ausdrücklich: »Am Sabbat sind zwei Seelen im Menschen« (Shibbole ha-Leqet 130). Das Buch Maaseh (übersetzt von M. Gaster, S. 305) sagt: »Der Mensch hat am Sabbat eine Seele mehr als an einem Wochentag; das kann man leicht feststellen an der Tatsache, daß man am Sabbat sorgloser ist als an irgendeinem Tag der Woche«.

8 Zohar III, S. 173a.

Frommen in seinem ursprünglichen Glanz erscheinen. Etwas von diesem Licht ruht auf Heiligen und auf Menschen, die rechtschaffen handeln, am siebten Tag; und dieses Licht nennt man die zusätzliche Seele.[9]

Die Legende berichtet, daß Rabbi Loew von Prag (gest. 1609) »der große Rabbi Loew« genannt wurde, weil er am Sabbat einen Kopf größer wirkte als an den sechs Wochentagen.[10] Wer am Sabbat Rabbi Hayim von Tschernowitz (gest. 1813) ansah, so wird erzählt, konnte seine Wangen glühen sehen wie eine Rose. Dieser Rabbi Hayim schreibt: »Mit unsern eigenen Augen haben wir gesehen, welch ungeheuren Wandel die Heiligkeit des Sabbat im Leben eines Heiligen schafft. Das Licht der Heiligkeit brennt in seinem Herzen wie Feuerzungen, und er ist überwältigt und hingerissen von dem Verlangen, Gott zu dienen ... die ganze Nacht und den ganzen Tag ...« Sobald die Vorbereitungen zu Ehren des Sabbat abgeschlossen sind, »erleuchtet der Glanz der Sabbatheiligkeit sein Gesicht. So strahlend ist sein Anblick, daß man fast zögert, sich ihm zu nahen.«[11]

Aber der Sabbat, wie der Mensch ihn erfährt, kann nicht im Exil überleben, als einsamer Fremdling unter den profanen Tagen. Er braucht die Gemeinschaft mit allen anderen Tagen. Alle Tage der Woche müssen in geistiger Übereinstimmung mit dem Tag der Tage sein. Unser ganzes Leben sollte eine Pilgerfahrt zum siebten Tag sein; der Gedanke an den Wert dessen, was dieser Tag uns bringen könnte, muß immer in uns gegenwärtig sein. Denn der Sabbat ist der Kontrapunkt des Lebens, die Melodie, die durch alle Aufregungen und Wechselfälle des Lebens, die unser Bewußtsein bedrohen, durchgehalten wird, in ihm sind wir uns der Gegenwart Gottes in der Welt bewußt.

9 Rabbi Aaron ben Moses Shalom von Kremnitz (gest. 1616), Nishmat Adam, Pietrkow 1911, S. 24.

10 Eine ähnliche Legende wird über Rabbi Joshua Horowitz erzählt (vgl. Nezir ha-Shem, Lemberg 1869, Vorwort).

11 Sidduro shel Shabbat, Warschau 1872, S. 8c.

Was *wir sind*, hängt davon ab, was der *Sabbat für uns* ist. Das Gesetz des Sabbattages ist im Leben des Geistes, was das Gravitationsgesetz in der Natur ist.

Nichts ist so schwer zu unterdrücken wie die Neigung, der Sklave der eigenen Erbärmlichkeit zu sein. Tapfer, unaufhörlich und ruhig muß der Mensch um innere Freiheit kämpfen. Innere Freiheit hängt davon ab, daß man unabhängig von der Herrschaft der Dinge und von der Herrschaft der Menschen ist. Es gibt viele, die ein hohes Maß an politischer und gesellschaftlicher Freiheit erreicht haben, aber nur sehr wenige gibt es, die nicht an die Dinge versklavt sind. Das ist unser dauerndes Problem – wie man mit anderen Menschen zusammenleben und frei bleiben kann, wie man mit Dingen leben und unabhängig bleiben kann.

In einem Augenblick der Ewigkeit, als das Gefühl der Erlösung noch frisch in den früheren Sklaven war, empfing das Volk Israel die Zehn Gebote. Am Anfang und am Ende handelt der Dekalog von der Freiheit des Menschen. Das 1. Gebot – Ich bin der Herr, dein Gott, der dich aus dem Lande Ägypten, aus dem Sklavenhaus herausgeführt hat – erinnert ihn, daß ihm die äußere Freiheit von Gott geschenkt wurde, und das 10. Gebot – du sollst nicht begehren – erinnert ihn, daß er innere Freiheit erlangen muß.

Wenn wir heutzutage ein Wort besonders hervorheben wollen, unterstreichen wir es oder drucken es kursiv. In der alten Literatur wird die Betonung durch direkte Wiederholung *(epizeuxis)* erreicht, indem man ein Wort wiederholt, ohne daß andere Worte dazwischenstehen.[12] Die Bibel sagt z. B.: »Gerechtigkeit, Gerechtigkeit sollst du nachjagen« (Dtn 16,20); »Tröste dich, tröste dich, mein Volk« (Jes 40,1). Von den Zehn Geboten wird nur eines zweimal ausgesprochen, das letzte: »Du sollst nicht begehren . . ., du sollst nicht begehren.« Ganz offensichtlich wurde es wiederholt, um seine außerordentliche Wichtigkeit zu betonen. Dem Men-

12 Direkte Wiederholung wird heute in der Rhetorik benutzt: Er äußerte eine neue Idee – eine Idee von großer Bedeutung.

schen wird gesagt, daß er nicht begehren soll »seines Nächsten Haus«, »seines Nächsten Frau noch seinen Sklaven oder seine Sklavin noch sein Rind oder seinen Esel noch irgend etwas, das dem Nachbarn gehört.«

Wir wissen, daß man Leidenschaften nicht mit Verordnungen überwinden kann. Das 10. Gebot wäre daher praktisch vergeblich, wäre nicht das »Gebot« für den Sabbattag, dem ungefähr ein Drittel des Dekalogtextes gewidmet ist und das eine Zusammenfassung aller anderen Gebote darstellt. Wir müssen versuchen, eine Beziehung zwischen den beiden »Geboten« zu finden: Begehre nicht etwas, das deinem Nachbarn gehört; Ich habe dir etwas gegeben, das Mir gehört. Was ist das? Ein Tag.

Das Judentum möchte das Leben als eine Pilgerfahrt zum siebten Tag betrachten. Das Sehnen nach dem Sabbat an allen Tagen der Woche ist eine Form der Sehnsucht nach dem ewigen Sabbat an allen Tagen unseres Lebens.[13] Es will an die Stelle des Begehrens der Dinge im Raum das *Begehren nach den Gaben der Zeit* setzen und den Menschen lehren, an allen Tagen der Woche den siebten Tag zu begehren. Gott selbst begehrte diesen Tag. Er nannte ihn *Chemdat Yamim*, einen Tag, den man begehren soll.[14] Es ist, als sei das Gebot »Du sollst nicht Dinge des Raumes begehren« unausgesprochen mit dem Wort verbunden *»Begehre Gaben der Zeit«*.

13 Das Gefühl für den Geist des Sabbat ist nicht auf ein Siebtel der Woche beschränkt. Die Zehn Gebote kommen in zwei Versionen vor: im Buch Exodus und im Buch Deuteronomium. In der ersten Version beginnt das Sabbatgebot mit den Worten: Gedenke *(zakhor)* des siebten Tages; in der zweiten heißt es: Halte *(shamor)* den siebten Tag. Ein Weiser des Mittelalters sagte: »*Gedenke* gilt immer, warte auf sein Kommen (*shemor* bedeutet auch begierig warten) ... Warte, freue dich darauf, wie man sich freut, einen Menschen wiederzusehen, den man liebt« (Al Nakawa, Menorat ha-Maor III, S. 575).

14 In der Sabbatliturgie sagen wir: »Du warst zufrieden mit dem siebten Tag und hast ihn geheiligt; Du nanntest ihn den begehrtesten aller Tage.« Wo wird der Sabbat in der Bibel »der ersehnteste aller Tage« genannt? In Gen 2,2, wo wir gewöhnlich übersetzen: »und Gott vollendete am siebten Tag«, liest eine alte aramäische Übersetzung: »und Gott sehnte den siebten Tag herbei« (vgl. M. Ginsburger, Das Fragmententhargum [Targum Jerushalmi zum Pentateuch], Berlin 1899).

Epilog: Heiligung der Zeit

Die Heiden projizieren ihre Gottesvorstellung auf ein sichtbares Bild oder bringen Gott in Verbindung mit einem Naturphänomen, das ein Ding im Raum ist. In den Zehn Geboten stellt sich der Schöpfer des Alls durch ein Ereignis in der Geschichte vor, nämlich durch die Befreiung des Volkes aus Ägypten, und spricht: »Du sollst dir kein geschnitztes Abbild oder irgendein Gleichnis machen, weder dessen, das im Himmel droben, noch dessen, was auf Erden, noch dessen, was im Wasser unter der Erde ist.«

Die kostbarsten Gegenstände, die es je auf Erden gegeben hat, waren die beiden steinernen Tafeln, die Mose auf dem Berg Sinai empfing; sie waren unvergleichlich kostbar. Mose war auf den Berg gestiegen, um sie zu empfangen; er blieb vierzig Tage und vierzig Nächte dort, er aß kein Brot und trank kein Wasser. Und der Herr übergab ihm die beiden steinernen Tafeln; auf ihnen waren die Zehn Gebote niedergeschrieben, die Worte, die der Herr zum Volk Israel vom Berg aus dem Feuer gesprochen hatte. Aber als Mose nach vierzig Tagen und Nächten vom Berg herunterkam – die Tafeln in seinen Händen –, sah er, wie das Volk um das Goldene Kalb tanzte. Da warf er die Tafeln hin und zerbrach sie vor den Augen des Volkes.

»Jedes bedeutende Kultzentrum in Ägypten behauptete, daß ihm der Vorrang gebühre auf Grund der Überzeugung, daß es der *Ort* der Schöpfung war.«[1] Im Gegensatz dazu spricht die Genesis

1 J.A. Wilson, Egyptian Myths, Tales and Mortuary Texts, in: Ancient Near Eastern-Texts, S. 8.

nicht von dem Ort, sondern von den Tagen der Schöpfung.[2] In den Mythen findet sich kein Hinweis auf die Zeit der Schöpfung; die Bibel aber spricht von der Schöpfung des Raumes in der Zeit.

Jeder wird zugeben, daß der Grand Canyon eindrucksvoller ist als irgendein Graben. Jeder kennt den Unterschied zwischen einem Wurm und einem Adler. Aber wer von uns hat ein Gefühl dafür, daß es unterschiedliche Zeiten gibt? Der Historiker Ranke behauptete, jedes Zeitalter sei gleich nahe bei Gott. Die jüdische Tradition jedoch behauptet, daß es eine Rangordnung der Zeiteinheiten gibt, daß nicht alle Zeitalter gleich sind. Der Mensch kann an allen Orten gleichermaßen zu Gott beten, aber Gott spricht nicht zu jeder Zeit auf die gleiche Weise zum Menschen. Zu einem bestimmten Zeitpunkt z.B. wich der Geist der Prophetie von Israel.

Für uns ist die Zeit eine Maßeinheit, nicht aber ein Bereich, in dem wir uns aufhalten. Wir werden ihrer erst gewahr, wenn wir zwei Ereignisse vergleichen wollen und feststellen, daß das eine später war als das andere; wenn wir einer Melodie lauschen, merken wir, daß ein Ton auf den anderen folgt. Grundlegend für unser Zeitgefühl ist die Unterscheidung zwischen früher und später.

Aber ist die Zeit nur ein Beziehungsverhältnis zwischen Ereignissen? Hat der gegenwärtige Augenblick keine Bedeutung, unabhängig von seiner Beziehung zur Vergangenheit? Ferner wissen wir nur, was *in* der Zeit passiert, bloße Geschehnisse, die eine Wirkung auf Dinge des Raumes haben. Wenn nichts geschähe, was Bezug zur Welt des Raumes hat, gäbe es dann keine Zeit?

Ein besonderes Sensorium ist erforderlich, um die letztlich

2 Die Legende *eben shetiya* ist nachbiblischen Ursprungs (vgl. L. Ginzberg, The Legends of the Jews, S. 14–16). *Maqom* als ein Name für Gott in der rabbinischen Literatur impliziert nicht eine Vergöttlichung des Raumes, sondern im Gegenteil die Unterordnung des Raumes unter Gott. Der Raum ist nicht das letzte, er wird von Gott transzendiert.

entscheidende Bedeutung der Zeit zu erkennen. Wir alle leben sie und sind fast identisch mit ihr, so daß wir sie gar nicht wahrnehmen. Die Welt des Raumes umgibt unser Dasein.[3] Sie ist nur ein Teil des Lebens; das übrige ist Zeit. Die Dinge sind die Küste, die Seefahrt findet in der Zeit statt.

Die Existenz kann nicht durch sich selbst erklärt werden, sondern nur mit Hilfe der Zeit. Wenn wir in Augenblicken geistiger Konzentration die Augen schließen, können wir Zeit ohne Raum haben, aber wir können niemals Raum ohne Zeit haben. Für das geistige Auge ist Raum erstarrte Zeit, und alle Dinge sind Stein gewordene Ereignisse.

Man kann die Zeit von zwei verschiedenen Standpunkten aus betrachten: vom Standpunkt des Raumes und vom Standpunkt des Geistes. Wenn wir aus dem Femster eines schnell fahrenden Zuges schauen, haben wir den Eindruck, daß sich die Landschaft bewegt, während wir stillsitzen. Ähnlich ist es, wenn wir die Wirklichkeit betrachten, dieweil unsere Seele von räumlichen Dingen mitgerissen wird: Die Zeit scheint in ständiger Bewegung zu sein. Wenn wir jedoch begreifen lernen, daß es die Dinge des Raumes sind, die ständig davoneilen, erkennen wir, daß es die Zeit ist, die niemals endet, nicht aber die Welt des Raumes, die sich durch die unendliche Erstreckung der Zeit wälzt. Vergänglichkeit kann also als das Verhältnis vom Raum zur Zeit definiert werden.

Die grenzenlos fortdauernde, aber leere Wesenheit, die der Realist Raum nennt, ist nicht die letzte Form der Wirklichkeit. Unsere Welt ist eine Welt des Raumes, die sich durch die Zeit bewegt – vom Anbeginn bis zum Ende der Tage.

Allgemein sieht man das Wesen der Zeit im Schwinden, in der Vergänglichkeit. Wahr ist jedoch, daß die Tatsache des Schwindens sich unserem Geist aufdrängt, wenn wir über Dinge des Raumes nachgrübeln. Die Welt des Raumes ist es, die unse-

3 Vgl. A.J. Heschel, Man is not alone, A Philosophy of Religion, 1951, S. 200.

ren Sinnen das Gefühl für Vergänglichkeit vermittelt. Zeit, die unabhängig und jenseits des Raumes ist, ist ewig; die Welt des Raumes ist die vergängliche. Die Dinge vergehen in der Zeit; die Zeit selbst wandelt sich nicht. Wir sollten nicht vom Fluß der Zeit oder vom Vorbeigehen der Zeit sprechen, sondern vom Vorbeigehen und Fluß des Raumes durch die Zeit. Nicht die Zeit stirbt; der Körper des Menschen stirbt in der Zeit. Vergänglichkeit ist eine Eigenschaft der Welt des Raumes, der Dinge des Raumes. Zeit, die jenseits des Raumes ist, ist jenseits der Unterscheidung von Vergangenheit, Gegenwart und Zukunft.

Monumente aus Stein müssen einmal verschwinden; Tage des Geistes vergehen nie. Über die Ankunft des Volkes Israel am Berg Sinai lesen wir im Buch Exodus: »Im dritten Monat, nachdem die Kinder Israel aus dem Land Ägypten ausgezogen waren, *an diesem Tag* kamen sie in die Wüste Sinai« (19,1). Hier steht etwas, das den alten Rabbinen Rätsel aufgab. An *diesem* Tag? Es hätte heißen müssen: an *jenem* Tag. Dies kann nur bedeuten, daß der Tag der Gabe der Tora niemals Vergangenheit werden kann; jener Tag ist heute, ist jeden Tag. Wann immer wir die Tora studieren, muß sie für uns sein, »als wäre sie uns heute gegeben«.[4] Das gleiche gilt vom Auszug aus Ägypten: »In jedem Zeitalter muß sich der Mensch so sehen, als sei er selbst aus Ägypten ausgezogen.«[5]

Der Wert eines großen Tages wird nicht nach dem Raum gemessen, den er im Kalender einnimmt. Rabbi Akiba rief: »Die ganze Zeit ist nicht so wertvoll wie der Tag, als Israel das Lied der Lieder gegeben wurde. Denn alle Lieder sind heilig, aber das Lied der Lieder ist das heiligste der heiligen.«[6]

Im Reich des Geistes gibt es keinen Unterschied zwischen einer Sekunde und einem Jahrhundert, zwischen einer Stunde und einem Zeitalter. Rabbi Juda der Patriarch sagte: »Manche gewin-

4 Tanhuma, ed. Buber, II, S. 76; vgl. Raschi zu Ex 19,1; Dtn 26,16.

5 Pessachim 10,5.

6 Yadayim 3,5.

nen die Ewigkeit in einem ganzen Leben, andere in einer einzigen kurzen Stunde.«[7] Eine gute Stunde kann ein ganzes Leben wert sein; ein Augenblick der Umkehr zu Gott kann wiederherstellen, was in Jahren der Flucht vor Ihm verlorenging. »Besser eine Stunde der Umkehr und guter Taten in dieser Welt als ein ganzes Leben in der zukünftigen.«[8]

Die technische Zivilisation, so haben wir gesagt, ist der Triumph des Menschen über den Raum. Aber die Zeit bleibt Herrscher. Wir können Entfernungen überwinden, aber weder die Vergangenheit zurückholen noch die Zukunft ergraben. Der Mensch überwindet den Raum, aber die Zeit überwindet den Menschen.

Die Zeit ist die größte Herausforderung für den Menschen. Wir alle nehmen an der Wanderung durch ihr Reich teil, einer Wanderung, die nie endet, aber wir können keinen festen Stand in ihr gewinnen. Ihre Realität ist uns unzugänglich. Der Raum steht unserem Willen offen; wir können die Dinge im Raum nach unserem Gutdünken gestalten und verändern. Die Zeit jedoch liegt außerhalb unserer Reichweite, jenseits unserer Gewalt. Sie ist sowohl nah wie fern, Teil aller Erfahrung und doch alle Erfahrung transzendierend. Sie gehört ausschließlich Gott.

Zeit ist also das ganz andere, ein Geheimnis, das sich in kein Begriffssystem fügt. Es ist, als wären Zeit und Menschengeist getrennte Welten. Doch nur innerhalb der Zeit gibt es Gemeinschaft und Zusammengehörigkeitsgefühl aller Wesen.

Jeder von uns nimmt ein Stück Raum ein, das ihm allein gehört. Das Stück Raum, das mein Körper einnimmt, wird von mir selbst unter Ausschluß aller anderen eingenommen. Niemand jedoch besitzt Zeit. Es gibt keinen Augenblick, der mir allein gehört. Dieser jetzige Augenblick gehört allen lebenden Menschen genauso wie mir. An der Zeit haben wir teil, der Raum gehört

7 Avoda Zara 10b.17a.18a.

8 Avot 4,22

uns. Weil ich Besitzer von Raum bin, bin ich Rivale aller anderen Wesen; durch mein Leben in der Zeit bin ich gleichzeitig Zeitgenosse aller anderen Lebewesen. Wir durchschreiten die Zeit; wir ergreifen Besitz vom Raum. Leicht erliegen wir der Illusion, daß die Welt des Raumes um unsertwillen da ist, um des Menschen willen. Was die Zeit betrifft, so sind wir immun gegen diese Illusion.

Zwischen Gott und irgendeinem Ding liegt ein ungeheurer Abstand. Denn ein Ding hat eine eigene individuelle Existenz, die es von der Gesamtheit der Wesen unterscheidet. Ein Ding sehen bedeutet etwas sehen, das eigenständig und abgesondert ist. Ferner ist ein Ding etwas, das existiert und Besitz des Menschen werden kann. Die Zeit erlaubt nicht, daß ein Augenblick in und für sich selbst ist. Zeit ist entweder alles oder nichts. Sie kann nicht geteilt werden, es sei denn in unserer Vorstellung. Sie bleibt jenseits unseres Zugriffs; sie ist beinahe heilig.

Man kann leicht an dem großartigen Anblick der ewigen Zeit vorübergehen. Dem Buch Exodus zufolge erblickte Mose seine erste Vision »in einer Feuerflamme aus einem Busch; und er sah hin, und siehe, der Busch brannte von Feuer und wurde nicht verzehrt« (3,2). Zeit ist wie ein ewig brennender Busch. Obwohl jeder Augenblick weichen muß, um dem nächsten Platz zu machen, wird die Zeit selbst nicht verzehrt.

Die Zeit hat eine ihr eigene letzte Bedeutung. Sie besitzt mehr Majestät, ruft mehr Ehrfurcht hervor als selbst der gestirnte Himmel. Sanft gleitet sie dahin in uraltem Glanz und erzählt so viel mehr, als der Raum in der stammelnden Sprache der Dinge sagen kann; sie spielt Symphonien auf den Instrumenten der vereinsamten Geschöpfe, sie erschließt die Erde und macht sie zum Ereignis.

Zeit ist der Prozeß der Schöpfung, die Dinge des Raumes sind Ergebnis der Schöpfung. Wenn wir den Raum betrachten, sehen wir die Produkte der Schöpfung; wenn wir die Zeit erfahren, hören wir den Prozeß der Schöpfung. Die Dinge des Raumes stellen eine täuschende Unabhängigkeit zur Schau. Sie präsentieren einen Firnis von begrenzter Dauer. Die geschaffenen Dinge verbergen den Schöpfer. Nur in der Dimension der Zeit begegnet der Mensch Gott, wird er gewahr, daß jeder Augenblick ein Schöpfungsakt ist, ein Anfang, der neue Wege für letzte Erkenntnisse eröffnet. Zeit ist Gottes Gegenwart in der Welt des Raumes, und nur innerhalb der Zeit können wir die Einheit aller Wesen spüren.

Wir lernen, daß Schöpfung nicht ein Akt ist, der sich irgendwann einmal ein für allemal ereignet hat. Der Akt, durch den die Welt entsteht, ist ein kontinuierlicher Prozeß.[9] Gott rief die Welt ins Leben, und dieser Ruf dauert an. Es gibt den gegenwärtigen Augenblick, weil Gott gegenwärtig ist. Jeder Augenblick ist ein Schöpfungsakt. Ein Augenblick der Zeit ist keine Endstation, sondern ein Blitz, ein Signal für einen Anfang. Zeit ist ständige Erneuerung, gleichbedeutend mit fortdauernder Schöpfung. Zeit ist Gottes Geschenk an die Welt des Raumes.

Eine Welt ohne Zeit wäre eine Welt ohne Gott, eine Welt, die in und durch sich selbst existierte, ohne Erneuerung, ohne Schöpfer. Eine Welt ohne Zeit wäre eine Welt, die von Gott los-

9 Im täglichen Morgengottesdienst lesen wir: »Der Herr der Wunder, in Seiner Güte erneuert Er die Wunder der Schöpfung jeden Tag, immer wieder.« Die Erhaltung der Welt oder der Gesetze, die verantwortlich sind für die Erhaltung der Welt, verdanken wir einem Akt Gottes. »Du bist der Herr, nur Du alleine; Du hast den Himmel gemacht und aller Himmel Himmel und all ihr Heer, die Erde und alles, was darauf ist, die Meere und alles, was darinnen ist, und Du erhältst sie alle« (Neh 9,6). »Wie mannigfaltig sind Deine Werke, o Herr ... Alle warten auf Dich, daß Du ihnen ihre Speise geben mögest zur rechten Zeit ... Du verbirgst Dein Antlitz, so vergehen sie ... Du sendest aus Deinen Geist, so werden sie geschaffen« (Ps 104,24.27.29.30). Beachte die Gegenwartsform in Jes 48,13; 42,5; vgl. auch 48,7; Hi 34,14–16; Kuzari 3,11. Beim Anblick der Wunder der Natur beten wir: »Gesegnet seist Du ..., der die Wunder der Schöpfung vollbringt« (Berakhot 9,2; vgl. die Meinung von Resh Laqish, Chagiga 12b und von Raschi zur Stelle). Der Gedanke einer dauernden Schöpfung scheint Gegenstand einer alten Kontroverse gewesen zu sein. Nach der Schule Schammais lautet der Segen über das Licht, der am Ende des Sabbat gesprochen wird: »Gesegnet seist Du, der die Lichter des Feuers *schuf*«; wir dagegen sprechen nach der Schule Hillels: »Gesegnest seist Du ..., der die Lichter des Feuers *schafft*« (Berakhot 7,5; vgl. Joseph Salomo Delmedigo, Taʿalumot Chokma Nobelot Chokma, Basel 1629, S. 94).

gelöst wäre, ein Ding in sich, Wirklichkeit ohne Verwirklichung. Eine Welt in der Zeit ist eine Welt, die durch Gott weitergeht, Verwirklichung eines unendlichen Planes, nicht ein Ding, das sich selbst genügt, sondern ein Ding, das für Gott da ist.

Zeuge des immerwährenden Wunders der Entstehung der Welt zu sein heißt, die Gegenwart des Gebers im Gegebenen zu spüren, heißt erkennen, daß die Quelle der Zeit die Ewigkeit ist, daß das Geheimnis des Seins das Ewige in der Zeit ist.

Wir können das Problem der Zeit nicht durch Eroberung des Raumes lösen, weder durch Pyramiden noch durch Ruhm. Wir können das Problem der Zeit nur durch Heiligung der Zeit lösen. Wenn der Mensch alleine ist, entweicht ihm die Zeit; für den Menschen mit Gott ist Zeit verhüllte Ewigkeit.

Schöpfung ist die Sprache Gottes, Zeit ist Sein Lied, und die Dinge des Raumes sind die Konsonanten dieses Liedes. Die Zeit heiligen heißt, die Vokale im Einklang mit Ihm zu singen.

Das ist die Aufgabe des Menschen: den Raum zu erobern und die Zeit zu heiligen.

Wir müssen den Raum erobern, um die Zeit zu heiligen. Die ganze Woche über sind wir gerufen, das Leben durch den Gebrauch der Dinge des Raumes zu heiligen. Am Sabbat wird uns geschenkt, an der Heiligkeit teilzuhaben, die im Herzen der Zeit wohnt. Auch wenn die Seele verdorrt ist, auch wenn kein Gebet aus unserer zugeschnürten Kehle kommen kann, so führt uns doch die reine schweigende Ruhe des Sabbat in ein Reich ewigen Friedens oder zum Anfang des Erkennens, was Ewigkeit bedeutet. Es gibt wenige Ideen im Reich der Gedanken, die so viel geistliche Kraft enthalten wie die Idee des Sabbat. In Äonen, wenn von vielen unserer lieb gewordenen Theorien nur Fetzen übrig sein werden, wird jener kosmische Gobelin noch leuchten.

Die Ewigkeit setzt einen Tag.

Abraham Joshua Heschel (1907–1972), Rabbiner und Religionsphilosoph, wirkte in Polen und Deutschland und floh vor der Verfolgung durch den Nationalsozialismus in die Vereinigten Staaten. In New York lehrte er als Professor für jüdische Ethik und Mystik am Jewish Theological Seminary und wurde bekannt auch durch seinen Einsatz für die Rechte der Afroamerikaner in den USA.

Susannah Heschel, Tochter von Abraham J. Heschel, ist Professorin für Jüdische Studien an einer der renommiertesten Hochschulen der Vereinigen Staaten, dem Dartmouth College. Sie veröffentlicht zu religiösen, jüdischen und feministischen Themen. Auf Deutsch sind von ihr erschienen: *Der jüdische Jesus und das Christentum: Abraham Geigers Herausforderung an die christliche Theologie* (Berlin 2001); *Jüdischer Islam: Islam und jüdisch-deutsche Selbstbestimmung* (Berlin 2018).

Ilya Schor (1904–1961), geb. in Zloczow (heute Ukraine), war Maler, Schmuckgestalter, Skulpteur und anerkannter Künstler von Judaica. Seine Holzschnitt-Illustrationen für Abraham J. Heschels Bücher *The Earth is the Lord's* und *The Sabbath* wurden vielfach reproduziert in Neuausgaben und Übersetzungen. »Ilya Schor allein war in der Lage, mit einem kleinen Werkzeug aus Metall die ganze Atmosphäre des Sabbats in einem winzigen Bild zu erschaffen … Es gibt drei Wege, wie ein Mensch tiefen Kummer ausdrücken kann: auf der untersten Stufe weint er, auf der nächsten Stufe wird er still, auf der höchsten Stufe verwandelt ein Mensch seinen Kummer in ein Lied. Schor war ein Lied« (Abraham J. Heschel).